Advanced Word 2019

Corso avanzato con tutorial

RAFFAELE ESPOSITO

Anno del copyright: [2020]
Nota del copyright: © [2020] di Raffaele Esposito. Tutti i diritti riservati.

ISBN: [9798655936690]

Prima edizione [luglio 2020]

Sommario

Introduzione

Saper produrre un documento ben formattato, accattivante nell'aspetto e di facile consultazione è una delle competenze più richieste sia nel mondo del lavoro sia in quello scolastico. Tutti noi abbiamo ci siamo trovati, almeno una volta nella vita, di fronte ad un documento lungo e complesso, magari impreziosito da immagini e riferimenti bibliografici. Penso ad esempio alle tesi di laurea, sulle quali abbiamo passato lunghe ore a cercare di configurare i paragrafi con lo stesso formato lungo tutto il testo, ad aggiustare i numeri di pagina che perdevano la loro progressione, per non parlare del sommario e delle mille peripezie documentali che abbiamo escogitato per produrne uno formalmente accettabile. È stato personalmente anche abbastanza frustrante scoprire, nel corso degli anni lavorativi, che tutte quelle impostazioni potevano essere applicate in modo molto semplice, era sufficiente conoscere alcune funzioni avanzate del programma di videoscrittura. Ancora oggi mi trovo tra le mani, o meglio sullo schermo del computer, documenti non formattati al meglio, con le tabelle divise tra le pagine senza il riporto delle intestazioni, o con simboli quadrati al posto delle caselle di controllo e altri orrori del genere.

Ho pensato, quindi, di creare un vero e proprio corso di formazione sulle funzionalità avanzate di Word. Nel libro è trattata la versione 2019, solo perché è cronologicamente l'ultima distribuita dalla Microsoft che, nonostante il successo di Office 365 basata sul cloud, non abbandona la versione desktop, cioè residente sul personal computer. A dir il vero le funzionalità trattate sono del tutto simili tra le varie versioni del word processor più utilizzato al mondo, e differiscono essenzialmente per questioni meramente estetiche più che sostanziali.

Ho utilizzato il termine corso per definire il contenuto di questo lavoro, in quanto le funzioni analizzate sono spiegate in dettaglio attraverso non solo il testo, corredato da un ampio uso di immagini, ma anche grazie a dei video tutorial in cui sono mostrate in maniera pratica. Del resto, anni di esperienza nel campo della formazione su software, mi hanno insegnato che la teoria senza la dovuta parte pratica perde molta della sua capacità di formare. I video, della durata complessiva superiore alle quattro ore e mezza, sono visionabili grazie ai link e ai qr code che trovate in un apposito indice alla fine del testo.

Per la scelta degli argomenti da trattare è stato utilizzato lo standard internazionale per eccellenza in tema di gestione avanzata di un programma di videoscrittura, cioè il syllabus, ultima versione 3.0, dell'European Compuer Driving Licence certificazione Word Advanced, al cui esame è dedicata l'appendice. Non solo sono illustrate le caratteristiche della certificazione e della relativa prova, ma nell'ultimo video tutorial è mostrato lo svolgimento del Sample test messo a disposizione dall'ente certificatore come esempio di prova. Pur non essendo il fine principale del libro, esso è da considerarsi un'ottima guida per la preparazione al conseguimento della certificazione Advanced.

Buona lettura.

Raffaele

Capitolo 1 – La formattazione

1.1   Disposizione del testo intorno ad oggetti

L'inserimento di un'immagine in un testo word è operazione piuttosto semplice da svolgere tramite il comando **Immagini** presente nella scheda **Inserisci**. Per migliorare la leggibilità e l'estetica del documento è opportuno scegliere la modalità più appropriata per disporre il testo intorno all'oggetto inserito. A tale scopo si agisce sul comando **Testo a capo** presente nella scheda contestuale **Formato**.

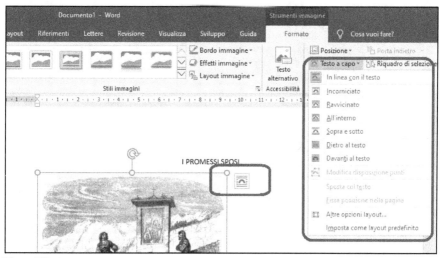

Figura 1 Testo a capo

Lo stesso menu è attivabile tramite il pulsante che appare nei pressi del bordo dell'immagine una volta selezionata. Le possibili opzioni sono:

*   **In linea con il testo:** stile di default, l'immagine si comporta come se fosse un testo e cambia posizione con l'inserimento dei caratteri;
*   **Incorniciato:** il testo si allinea intorno all'immagine in base ad un ipotetico quadrato;
*   **Ravvicinato:** il testo è posizionato alla stessa distanza dal bordo dell'immagine. Nel caso di rientranze esse sono occupate dai caratteri (differenza principale con incorniciato);
*   **All'interno:** Molto simile a ravvicinato con la possibilità di modificare i punti di riempimento per permettere al testo si occupare anche eventuali spazi disponibili tra le figure. In caso di assenza di spazi liberi il layout si comporta come **Ravvicinato**;
*   **Dietro al testo:** il testo si sovrappone all'immagine;
*   **Davanti al testo:** l'immagine si sovrappone al testo;

Cliccando su **Altre impostazioni di layout** si attiva la finestra di dialogo **Layout** dalla quale è possibile scegliere se disporre il testo su entrambi i lati, solo a sinistra, solo a destra o sul lato maggiore (opzioni attivabili in caso di stile incorniciato, ravvicinato e all'interno).

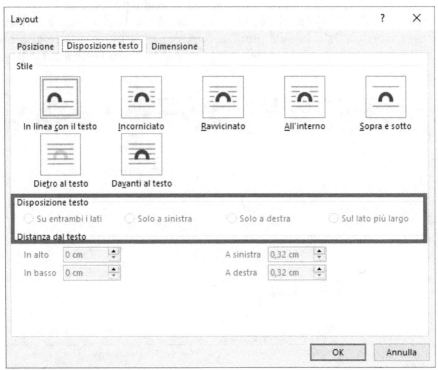

Figura 2 Disposizione testo

Esempi di applicazione

Stile incorniciato. Il testo si dispone attorno all'immagine seguendo un quadrato.

Stile ravvicinato. Il testo si dispone intorno all'immagine non seguendo un quadrato ma alla stessa distanza dal bordo dell'immagine.

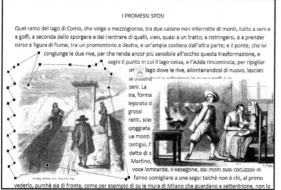

All'interno con modifica dei punti di riempimento. La funzione è attivabile dal menu contestuale (tasto destro sull'immagine) scegliendo l'opzione **testo a capo**→**modifica disposizione punti**.

Nella redazione di un documento è sovente necessario far spostare l'immagine insieme al testo oppure mantenere la sua posizione ed evitare che si muova in caso di inserimento di caratteri. Per impostare questa formattazione bisogna agire sui parametri **Sposta con testo/Fissa posizione nella pagina** presenti nel comando **Testo a capo** della scheda **Layout** (bisogna sempre preventivamente selezionare l'immagine). Con **Sposta con testo** flaggato l'immagine segue il testo in caso di nuovi inserimenti, con l'opzione **Fissa posizione nella pagina**, invece, l'immagine non segue il testo ma rimane ferma nella posizione impostata. Discorso diverso è l'ancoraggio cioè la possibilità di vincolare l'immagine ad una parte del testo, ad esempio un carattere, in modo tale che l'immagine segua sempre l'ancora e sia sempre posizionata alla stessa distanza, anche nel caso di inserimento di un nuovo testo. È possibile anche bloccare l'ancoraggio tramite il parametro **Blocca ancoraggio**, dalla scheda **Posizione** della finestra di dialogo **Layout**. Il blocco inibisce di spostare l'ancora anche nel caso si sposti l'immagine. Ad esempio, per ancorare l'immagine ad un carattere del testo, in posizione assoluta orizzontale scegliere **a destra di carattere**, mentre nella posizione verticale **sotto a riga** (figura 3).

Con il blocco, sull'icona dell'ancora viene posizionata un lucchetto chiuso. La visualizzazione dell'icona ancora deve essere abilitata dalla pagina a **Visualizzazione** delle opzioni di Word (**File→Opzioni→Visualizzazione→Ancoraggio oggetti**).
Nell'immagine che segue è mostrata la finestra di parametrizzazione **Posizione**.

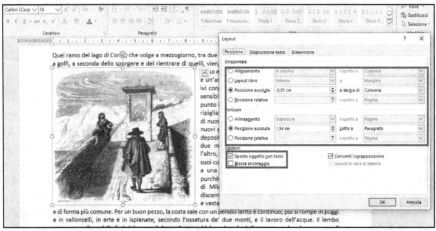

Figura 3 Posizionamento e ancoraggio immagine

Quanto analizzato è applicabile, con piccole varianti, anche al posizionamento del testo intorno alle tabelle. La finestra di dialogo è attivabile accedendo alle proprietà della tabella una volta selezionata (**scheda contestuale layout→proprietà**).
Per una corretta gestione dell'impostazione è importante prima definire il posizionamento della tabella scegliendo di inserirla a sinistra, al centro o a destra della pagina, e successivamente gestire la disposizione del testo intorno alla stessa. Le opzioni, in questo caso, sono solo due:

- **Nessuna**: il testo segue o precede la tabella come avviene per l'opzione **in linea con il testo** vista per le immagini;
- **Ravvicinato**: il testo è posizionato intorno alla tabella. Non esistono le varie opzioni esaminate in precedenza in quanto si comporterebbero al medesimo modo.

Scegliendo **Ravvicinato** si attiva il pulsante **Posizionamento** da cui si accede alla finestra **posizionamento tabella**. La maschera contiene le parametrizzazioni aggiuntive per gestire la posizione della tabella nel foglio word, in modo del tutto simile a quanto visto per le immagini.

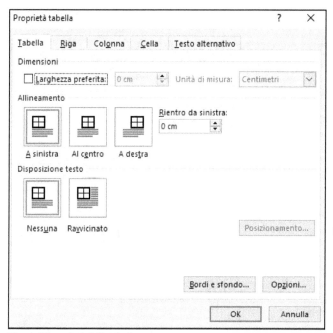

Figura 4 Proprietà della tabella

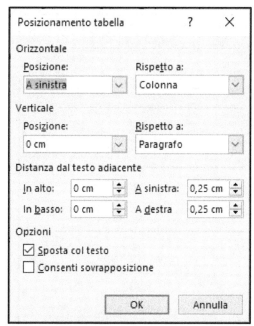

Figura 5 Posizionamento tabella

TUTORIAL VIDEO 1 – Disposizione testo attorno alle immagini

1.2   Ricerca avanzata

Un buon sistema di ricerca è requisito fondamentale di un word processor ed è molto apprezzabile nella gestione di documenti lunghi e complessi. Per avviare la ricerca avanzata di Word 2019 posizioniamoci nella scheda **Home** della barra multifunzione e clicchiamo all'estrema destra su **Trova→Ricerca avanzata**, appare la seguente finestra.

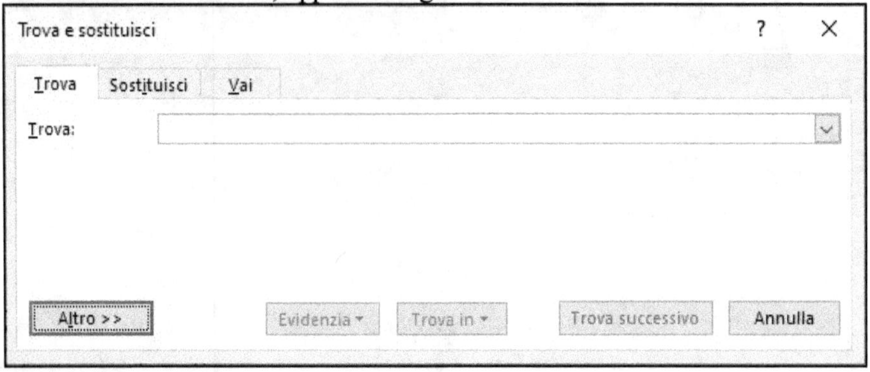

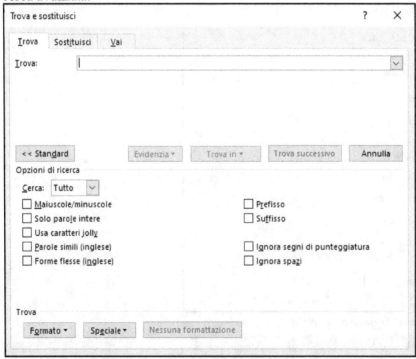

Figura 6 Schermata di ricerca

Con **Altro** la maschera si modifica visualizzando le varie opzioni della ricerca avanzata.

Figura 7 Ricerca avanzata

Le opzioni sono:

- **Maiuscole/minuscole**: il testo è ricercato considerando le maiuscole e le minuscole digitate nella chiave;
- **Solo parole intere**: è ricercata la perfetta coincidenza delle parole e non solo di una porzione;
- **Usa carattere jolly**: digitando l'asterisco nella chiave di ricerca esso è considerato come carattere jolly;
- **Prefisso**: è ricercato il testo formattato che inizia con la chiave;
- **Suffisso**: è ricercato solo il testo che finisce con la chiave;
- **Ignora segni di punteggiatura**: se nella chiave di ricerca sono presenti segni di punteggiatura sono ignorati;
- **Ignora spazi**: se nella chiave di ricerca sono presenti spazi sono ignorati.

Nella zona inferiore della finestra sono posizionati due pulsanti **Formato** e **Speciale** che permettono di accedere ai relativi menu.

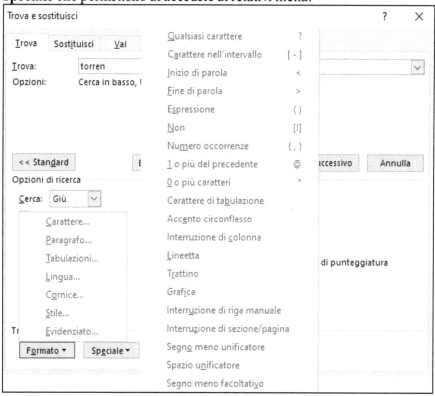

Figura 8 Menu formato e speciale

Grazie al menu **Formato** la ricerca può essere dettagliata per formattazione del testo. Le voci **Carattere, Paragrafo, Tabulazioni, Lingua, Cornice e Stile** aprono le rispettive finestre di dialogo in cui settare la formattazione da ricercare, ad esempio un tipo di carattere con la dimensione oppure un paragrafo con uno specifico valore dell'interlinea. Solo l'ultima opzione **Evidenziato** non apre un'ulteriore schermata ma permette di ricercare un testo precedentemente evidenziato.

Con il tasto **Speciale**, invece, si possono ricercare i segni di paragrafo e gli altri simboli nascosti quali, in particolare, le tabulazioni e le interruzioni di pagina, di sezione e di colonna.

Queste parametrizzazioni sono utilizzabili anche nella funzione **Sostituisci** e grazie ad esse l'utente ha la possibilità di sostituire la formattazione del testo ricercato.

Esempi di applicazione

Ricerca avanzata di un testo formattato con tipo Courier New, Corsivo, 10pt;

Ricerca avanzata del testo inserito in un paragrafo con interlinea doppia e rientro sinistro a 1cm

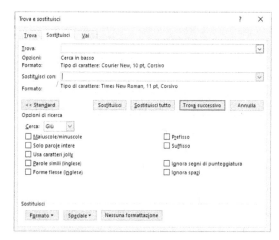

Sostituzione della formattazione del testo da Courier New, corsivo 10pt a Times New Roman, corsivo 11pt.

TUTORIAL VIDEO 2 – Ricerca speciale

1.3 Incolla speciale

Varie sono le opzioni che Word mette a disposizione per incollare un testo in un documento. Dopo aver effettuato la selezione e cliccato su **Copia,** posizioniamoci con il mouse sul tasto **Incolla** presente nella scheda **Home** e facciamo apparire il menu di incolla agendo sulla freccia come mostrato in figura.

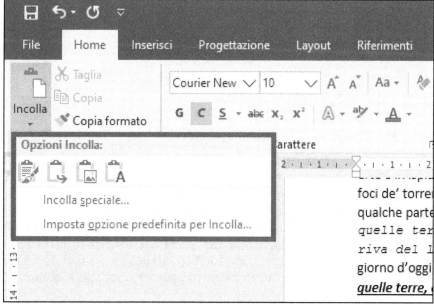

Figura 9 Menu incolla

Le opzioni disponibili sono:

- **Mantieni formattazione originale**: il testo è incollato conservando la formattazione di origine (carattere, dimensione, effetti);
- **Unisci la formattazione**: il testo è incollato con il tipo carattere e la dimensione del paragrafo di destinazione mantenendo gli effetti originali;
- **Immagine**: il testo è incollato come immagine;
- **Mantieni solo testo**: il testo è incollato prendendo tutta la formattazione dal documento di destinazione;

Nel menu incolla è presente la voce **Incolla speciale** che attiva la seguente finestra.

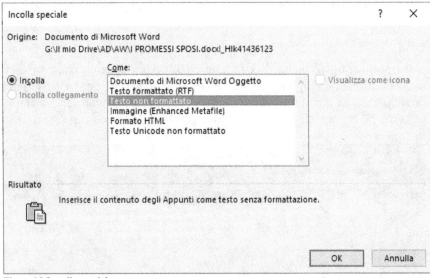

Figura 10 Incolla speciale

Con l'opzione **Testo formattato (RTF)** il testo è incollato con la relativa formattazione, mentre per incollarlo senza formattazione scegliere **Testo non formattato**.

Una particolarità della funzione incolla riguarda la visualizzazione degli **Appunti** (tutto quello che si copia va a finire in appunti). La relativa finestra di attività appare sulla sinistra dello schermo cliccando sulla freccia in basso a destra del gruppo dei comandi **Appunti** della barra multifunzione. Da questa finestra è possibile incollare o cancellare tutto il suo contenuto con un solo clic.

TUTORIAL VIDEO 3 – Incolla speciale

1.2 Gestione avanzata dei paragrafi

1.3.1 L'interlinea

Prima di procedere all'analisi delle funzioni specifiche di Word chiariamo i concetti di paragrafo, spaziatura e interlinea. Il paragrafo è quella parte del testo racchiuso tra un punto a capo e l'altro. Per interrompere un paragrafo e, di conseguenza, crearne un altro basta semplicemente premere il tasto invio e mettere a capo il testo. Questo concetto potrebbe essere considerato residuale ma, in realtà, è fondamentale in quanto la maggior parte delle parametrizzazioni del word processor si applicano, appunto, al paragrafo. Lo spazio tra un paragrafo e l'altro è definito spaziatura. L'interlinea, invece, è lo spazio tra le righe del paragrafo.

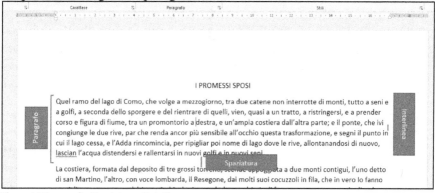

Figura 11 Paragrafo, Spaziatura e Interlinea

L'interlinea da applicare al paragrafo è parametrizzabile dalla finestra di dialogo **Impostazioni del paragrafo**.

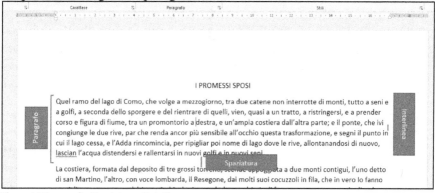

Figura 12 Impostazioni del paragrafo

Le possibili impostazioni sono:

- **Singola**: è l'interlinea predefinita in Word;
- **1,5 righe**: pari a una volta e mezza la singola;
- **Doppia**: pari al doppio della singola;
- **Minima**: pari allo spazio minimo tra le righe in dipendenza della dimensione del carattere;
- **Esatta**: l'opzione attiva il campo **Valore** in cui poter digitare i punti esatti dell'interlinea desiderata;
- **Multipla**: l'opzione attiva il campo **Valore** in cui poter digitare il multiplo della singola che si desidera applicare (ad esempio inserendo nel campo Valore il numero 5 l'interlinea sarà quintupla di quella singola).

Per impostare la spaziatura tra i paragrafi bisogna agire sulle caselle **Prima/Dopo** presenti nella stessa schermata **Paragrafo**. Inserendo un valore Word userà quei punti per distanziare il paragrafo precedente (opzione prima) o successivo (opzione dopo). Flaggando **Non aggiungere spazio tra i paragrafi dello stesso stile** la spaziatura precedentemente impostata non sarà applicata tra i paragrafi avente il medesimo stile (gli stili sono gestiti nella scheda **Home**, gruppo **Stili**).

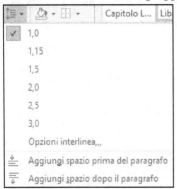

Tutte le parametrizzazioni sopra descritte sono gestibili anche tramite il pulsante **Interlinea e spaziatura paragrafo** del gruppo **Paragrafo** presente nella scheda **Home**.
La spaziatura ha un ulteriore punto di gestione nella scheda **Layout** gruppo **Paragrafo**.

1.3.2   Distribuzione del testo

Le opzioni di distribuzione del testo non sono molto conosciute ma possono risolvere alcuni piccoli problemi di formattazione del paragrafo riscontrabili soprattutto in documenti lunghi e complessi. Per fare un esempio a tutti noi è capitato di scrivere un testo in Word su più pagine e di trovarci di fronte all'ultima riga del paragrafo che si posiziona isolata in una nuova pagina con un effetto altamente antiestetico. Le impostazioni che seguono possono risolvere questi problemi.

Troviamo i parametri in questione nella pagina **Distribuzione testo** della finestra di dialogo **Impostazioni del paragrafo** (fig.12).

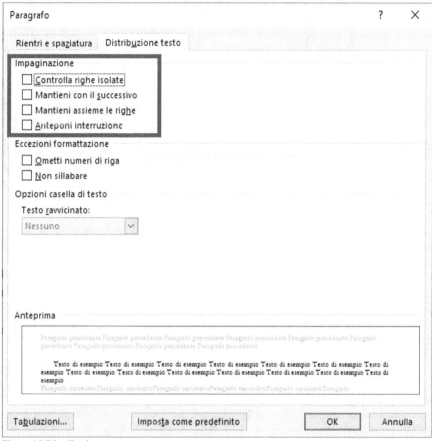

Figura 13 Distribuzione testo

Le opzioni sono:

- **Controlla righe isolate**: evita che l'ultima riga del paragrafo si posizioni in una pagina diversa dalle altre righe;
- **Mantieni con il successivo**: il paragrafo rimane nella stessa pagina di quello successivo;
- **Mantieni assieme le righe**: tutte le righe del paragrafo rimangono nella stessa pagina;
- **Anteponi interruzione**: prima del paragrafo viene inserita una interruzione di pagina.

1.3.3 Elenco numerato a più livelli

L'utilizzo degli elenchi numerati o puntati è sempre stato argomento ostico per chi si approccia al word processor e molto spesso obbliga a dei veri e propri orrori documentali. Si pensi, ad esempio, a quei casi in cui non si riesca a progredire correttamente la numerazione e, frustrati dai numerosi tentativi, si cede alla tentazione di inserirla a mano senza utilizzare la progressione automatica, salvo accorgersi che quanto fatto sfalsa la produzione del sommario, e ci si trova, quindi, con un ennesimo problema da risolvere. Quando si devono gestire, poi, degli elenchi numerati a più livelli, come ad esempio i paragrafi di questa guida, la questione si complica. Per gestire i livelli di un elenco numerato, Word ne permette al massimo nove, bisogna agire sul pulsante **Elenco a più livelli** del gruppo **Paragrafo** nella scheda **Home**, e scegliere quello più adatto alle proprie esigenze (è possibile scegliere l'elenco desiderato anche da dal pulsante **Elenchi numerati** semplice per poi gestire i livelli dal comando sopra indicato).

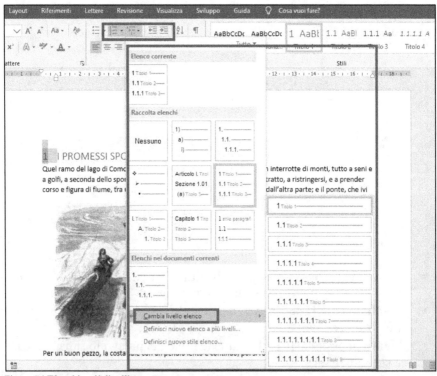

Figura 14 Elenchi a più livelli

Un consiglio è di utilizzare l'elenco evidenziato in figura 14 in quanto associa ai vari livelli anche uno stile paragrafo che, com'è noto, può essere impiegato per la creazione automatica del sommario.

Una volta inserito il primo livello, ad esempio 1, per passare al secondo (1.1) è sufficiente cliccare su **Cambia livello elenco** ed effettuare la relativa scelta, nell'esempio in figura associato allo stile titolo 2. Per modificare il livello sono utilizzabili anche i pulsanti **Aumenta rientro** (per salire) e **Riduci rientro** (per scendere). Se ad esempio ci troviamo ad aver ultimato la scrittura del paragrafo 1.1.2 e si desidera passare per il successivo al secondo livello (1.2), inserendo la numerazione word automaticamente numererà il paragrafo con 1.1.3, con il tasto **Riduci rientro** la numerazione verrà portata a 1.2.

Per gestire ulteriormente la funzione sono utilizzabili alcuni comandi del menu contestuale che appare cliccando con il tasto destro sulla numerazione.

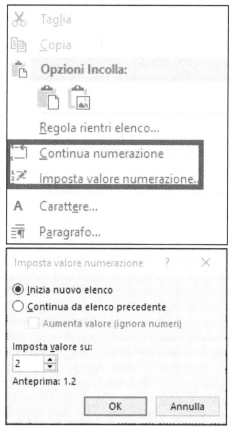

Il riferimento è a:

Continua numerazione, che permette di riprendere la numerazione precedentemente impostata nel caso si fosse sfalsata;

Imposta valore di numerazione, con il quale si forza la progressione e la si impone manualmente. Soprattutto quest'ultima funzione è particolarmente interessante e, se utilizzata correttamente, può risolverci numerosi problemi. Cliccando sul menu si attiva la relativa finestra di dialogo nella quale flaggando **Inizia nuovo elenco** si attiva la cella **Imposta valore su** in cui settare il valore desiderato. Si fa presente che la numerazione della cella è relativa all'ultimo livello dell'elenco (nell'esempio in figura, impostando 2 il numero riportato sarà 1.2, 1.3 nel caso si scelga 3). Nella finestra, inoltre, si trova anche il comando per continuare la numerazione.

Word concede all'utente anche la facoltà di creare un nuovo elenco a più livelli. La funzione è accessibile dal comando **Definisci nuovo elenco a più livelli**. Lanciandolo si apre la seguente finestra:

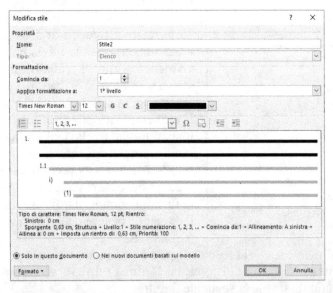

Figura 15 Definizione nuovo elenco a più livelli

L'impostazione del nuovo elenco non è un'attività delle più semplici. Per ogni livello, infatti, è necessario definire la formattazione del numero, utilizzando anche il tasto carattere, lo stile, la posizione (impostabile automaticamente per tutti i livelli) i termini di allineamento e rientro, il riporto del livello precedente e lo stile collegato al livello (titolo 1, titolo 2 ecc.).
È possibile, infine, creare un nuovo stile elenco utilizzando l'apposito comando **Definisci nuovo stile elenco,** grazie al quale si avvia la finestra di inserimento di fianco riportata. Ad ogni livello si associano delle formattazioni del testo (carattere, dimensione ecc.) e, una volta salvato, lo stile è visibile dal comando **Elenco a più livelli.**

1.4 Gli stili

Gli stili sono un insieme di attributi di testo e di paragrafo che, identificati con un nome, permettono una rapida formattazione dei documenti rendendoli uniformi e professionali. Se l'utente vuole applicare ad un testo le stesse formattazioni in termini di font, dimensione e colore del carattere, allineamento, rientri, spaziatura ecc., ha la possibilità di utilizzare uno degli stili predefiniti in Word oppure crearne a proprio piacimento. L'utilizzo di questi elementi è molto efficace ed è fortemente consigliato tanto che Word dedica al relativo gruppo una buona parte della scheda home.

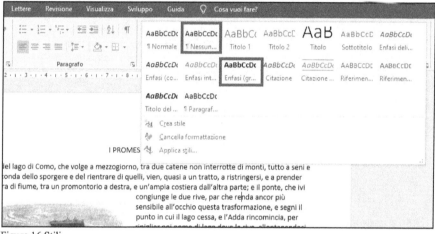

Figura 16 Stili

Si distinguono gli stili Paragrafo e gli stili Carattere. Nei primi le parametrizzazioni si applicano a tutto il paragrafo selezionato, nei secondi esclusivamente al testo evidenziato. Per l'applicazione è sufficiente cliccare sullo stile che si desidera applicare e il paragrafo, o il testo, acquisirà le relative formattazioni. Il semplice passaggio del mouse, inoltre, attiva un'anteprima che mostra come il testo sarebbe formattato se si scegliesse lo stile selezionato. Gli stili paragrafo sono individuati nel menu dall'icona ¶.

1.4.1 Gestione stile Carattere

Lo stile carattere riguarda esclusivamente le parametrizzazioni del testo (font, dimensione, attributi quali grassetto, corsivo, sottolineato ecc.).
Per creare un nuovo stile attivare il relativo menu dalla barra multifunzione e cliccare su **Crea Stile**.

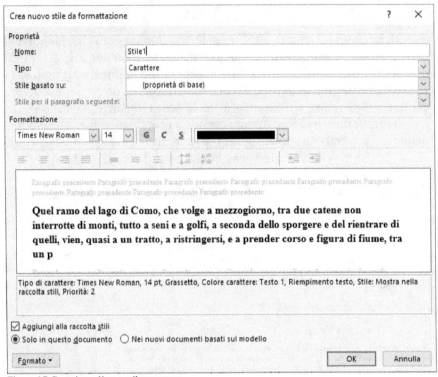

Figura 17 Creazione di uno stile carattere

Bisogna definire:

- Il nome;
- Il tipo, in questo caso carattere;
- Se basare lo stile su un altro già presente da, eventualmente, modificare;
- La formattazione (tipo di carattere, dimensione, grassetto, corsivo, sottolineato).

Quando si parametrizza uno stile carattere, le formattazioni del paragrafo presenti nella finestra sono disattivate. È possibile definire nel dettaglio le caratteristiche del testo attivando il menu **Formato** in basso a sinistra e scegliendo **Carattere**, si attiva in tal modo la maschera di gestione del carattere con tutte le possibili parametrizzazioni applicabili (apice, pedice, tipo di sottolineatura ecc.). Ad agevolare la scelta la finestra riporta un riquadro di anteprima che mostra in tempo reale l'effetto delle parametrizzazioni su un testo di esempio.

Per ultimare la creazione bisogna scegliere se aggiungere lo stile alla raccolta, e quindi visibile nella barra multifunzione (si consiglia di flaggare sempre questa opzione) e se renderlo disponibile solo per questo documento o su tutti i documenti che si basano sul modello utilizzato. In quest'ultimo caso, lo stile sarà utilizzabile anche per altri file. Nell'esempio in figura 17 è riportato uno stile carattere Times New Roman, con dimensione 14, grassetto e con colore nero standard.

Dal menu contestuale degli stili (tasto destro del mouse sullo stile in raccolta) è possibile avviarne la modifica che avviene dalla stessa maschera di inserimento vista in precedenza e semplicemente modificando gli attributi del carattere. La modifica è funzione molto comoda nel caso in cui si voglia cambiare le caratteristiche del testo a cui è stato applicato, ad esempio da grassetto a corsivo, in quanto permette di attribuire le nuove formattazioni automaticamente a tutto il testo (sempre avente lo stesso stile) senza necessità di modificarlo manualmente (è possibile utilizzare anche la funzione ricerca/sostituisci avanzata come visto in precedenza).

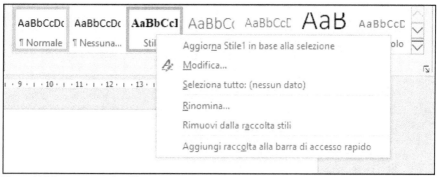

Figura 18 Menu contestuale stili

Dal menu è possibile inoltre:

- Aggiornare lo stile in base alla selezione: funzione molto utile da utilizzare per aggiornare la formattazione dello stile utilizzando quella del testo selezionato;
- Seleziona tutto: seleziona tutto il testo avente lo stesso stile;
- Rinomina: rinomina lo stile;
- Rimuovi dalla raccolta stili: toglie lo stile dalla raccolta in home;
- Aggiungi raccolta alla barra di accesso rapido: aggiunge il tasto della raccolta alla barra di accesso rapido di Word (posta in alto a sinistra sopra la barra multifunzione).

1.4.2 Gestione stile Paragrafo

La creazione e la modifica di uno stile paragrafo seguono la stessa operatività in precedenza descritta per gli stili carattere, e anche la finestra di inserimento/modifica è la medesima.

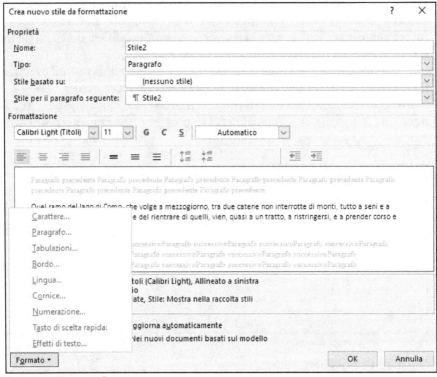

Figura 19 Stile paragrafo

A differenza dello stile carattere quello relativo al paragrafo ha più ampie possibilità di parametrizzazione (carattere, allineamenti, rientri, interlinea) e anche il menu formato, come indicato in figura 19, ha tutte le voci attive. È possibile, ad esempio, impostare un bordo al paragrafo oppure delle tabulazioni, agendo semplicemente sulle relative finestre che si attivano dai comandi del menu formato. Una particolarità è la scelta dello **stile per il paragrafo seguente** che permette di definire quale stile debba avere ogni paragrafo che segue quello avente lo stile che si sta modificando/aggiungendo.

TUTORIAL VIDEO 5 – Gli stili

1.5   Le colonne

Disporre il testo in colonne conferisce al documento un'estetica molto gradevole ed è particolarmente apprezzato in lavori di natura professionale (articoli per riviste, consulenze professionali ecc.).

L'inserimento di colonne avviene dal menu **Layout→Imposta pagina→Colonne** scegliendo il numero di colonne da utilizzare (da una a tre). Scrivendo il testo Word lo disporrà in base alle colonne impostate.

Figura 20 Inserimento colonne

Nel caso già foste in possesso di un testo e vorreste disporlo in due o più colonne vi sarebbe sufficiente selezionarlo e poi impostare il numero di colonne. Il testo verrà automaticamente incolonnato.

È possibile scegliere anche le opzioni con colonne asimmetriche preimpostate **A sinistra** oppure **A destra**.

Con **Altre colonne** si attiva la finestra di dialogo con maggiori parametrizzazioni (fig. 21): il numero di colonne è elevabile fino a tredici, si può inserire una linea separatrice, impostare la larghezza e la spaziatura delle colonne, decidere se le stesse devono avere la stessa larghezza oppure personalizzarla, decidere se applicare la formattazione a colonne solo alla sezione che si sta gestendo, a tutto il documento o da quel punto in poi.

Quando, ultimato il testo in colonne, si vuole ritornare al layout standard (1 sola colonna) è necessario dallo stesso menu scegliere l'opzione **Una sola colonna** ed applicarla **da questo punto in poi**. In alternativa si potrebbe inserire una nuova sezione continua e impostarla su una colonna.

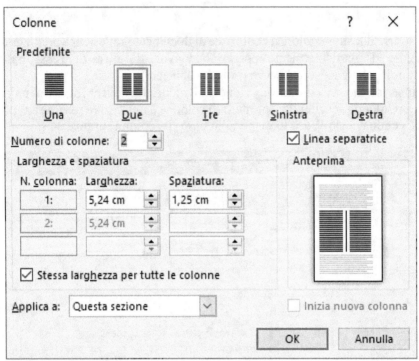
Figura 21 Finestra Colonne

Nella seguente figura si riporta un testo disposto su due colonne della stessa dimensione con linea di separazione e con continuazione del testo su una sola colonna con interruzione di sezione continua.

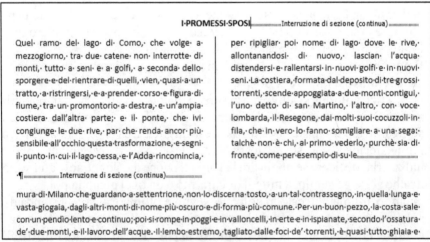
Figura 22 Testo su due colonne con interruzione di sezione

Quando si imposta una sezione su più colonne word fa scorrere il testo nella seconda colonna solo a termine della pagina (o della sezione). Per ovviare a questo comportamento e impostare due colonne di dimensioni minori rispetto alla pagina, si utilizza l'interruzione di colonna, in modo tale che tutto il testo inserito dopo l'interruzione occupi la seconda colonna (o le altre in successione). Per impostarla posizioniamoci con il cursore nel punto esatto in cui si vuole inserirla e dal percorso **Layout➔Imposta pagina➔Interruzioni** cliccare su interruzione di colonna.

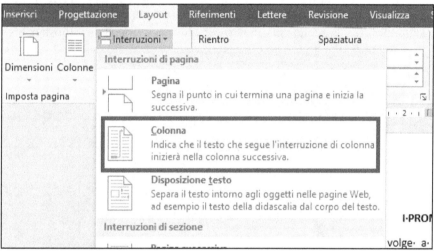

Figura 23 Interruzione di colonna

In alternativa si può utilizzare la combinazione di tasti **CTRL+MAIUSC+INVIO**.
Di seguito un esempio di interruzione di colonna.

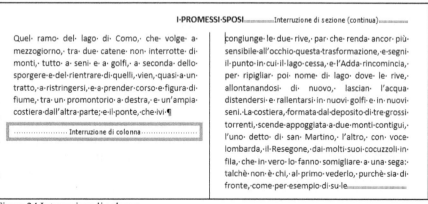

Figura 24 Interruzione di colonna

Per eliminare un'interruzione di colonna basta posizionarsi con il cursore alla fine del testo che la precede e usare il tasto **CANC**.

TUTORIAL VIDEO 6 – Le colonne

1.6   Le tabelle

Per inserire una tabella in un documento Word posizionarsi nella scheda **Inserisci** e scegliere **Tabella→Inserisci tabella**, apparirà la seguente schermata per la scelta del numero di righe e di colonne da impostare.

Figura 25 Inserisci tabella

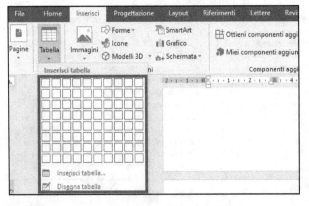

In alternativa, sempre dallo stesso menu, si può utilizzare la scacchiera per la scelta delle colonne (max 10) e delle righe (max 8). L'ultima possibilità di inserimento è l'utilizzo del comando **Disegna tabella** che permette di utilizzare il mouse per crearla.

1.6.1 Gli stili delle tabelle

Una volta inserita una tabella Word permette di attribuirle uno stile cioè un insieme di attributi che la rendono esteticamente molto più gradevole (colore delle celle e dei bordi, carattere, dimensione, colonne e righe evidenziate ecc.).

Per impostare uno stile tabella, dopo averla selezionata, posizionarsi nella scheda contestuale **Progettazione**, attivare il menu stili e scegliere quello più appropriato alle proprie esigenze tra le tre tipologie disponibili (Tabelle semplici, tabelle con griglia e tabelle di elenchi).

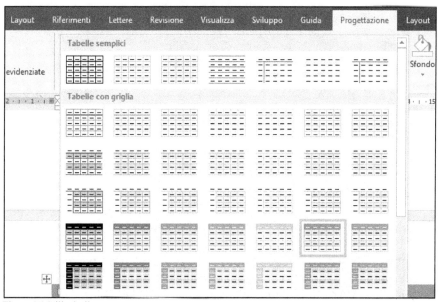

Figura 26 Stili tabelle

Come visto per gli stili carattere e paragrafo anche quelli delle tabelle sono personalizzabili e creabili dall'utente. Dal menu stile se si attiva il comando **Modifica stile tabella** viene aperta la solita schermata di gestione (figura 27), del tutto simile a quella di inserimento (attivata dal comando **Nuovo stile tabella** dello stesso menu) e a quella già analizzata nel paragrafo 1.3, con l'aggiunta di alcuni campi da gestire propri delle tabelle. In dettaglio:

- Stile, dimensione e colore dei bordi;
- Quali bordi inserire (tutti, destro, sinistro ecc.);
- Colore dello sfondo delle celle;
- Allineamento delle celle.

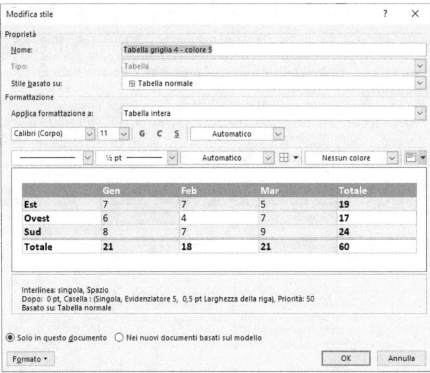

Figura 27 Modifica/inserimento stili tabella

Anche in questo caso con il tasto **Formato** sono attivabili altre parametrizzazioni.

Sempre nella scheda **Progettazione** sono gestite alcune opzioni grafiche delle tabelle il cui effetto dipende anche dallo stile principale scelto. Con **Riga di intestazione, Prima colonna, Riga Totale e Ultima colonna** si etichetta la riga che assume una formattazione particolare in dipendenza dello stile scelto. Con **Righe/Colonne alternate evidenziate** le righe e le colonne sono colorate in modo alternato. Tutto ciò conferisce ampia possibilità di parametrizzazione delle tabelle e impatta sul suo aspetto estetico.

File	Home	Inserisci	Progettazione	Layout
☑ Riga di intestazione		☑ Prima colonna		
☐ Riga Totale		☐ Ultima colonna		
☐ Righe alternate evidenziate		☑ Colonne alternate evidenziate		
		Opzioni stile tabella		

Figura 28 Opzioni stile tabella

Mi preme evidenziare alcune parametrizzazioni delle tabelle che, pur non rientrando tecnicamente nella gestione avanzata di Word rappresentano, a parere dello scrivente, ottime pratiche di gestione e spesso sottovalutate. Mi riferisco ai parametri presenti nella gestione delle celle scheda contestuale **Layout→Proprietà→Scheda Riga**.

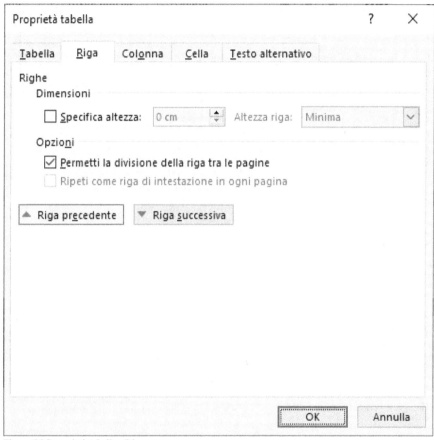

Figura 29 Proprietà tabelle - Riga

Il suggerimento è di non flaggare la voce **Permetti la divisione della riga tra le pagine** per evitare lo sgradevole effetto ottico che si crea quando una riga della tabella, composta da più righe di testo, risulti divisa tra due pagine, e di flaggare, invece, la voce **Ripeti come riga di intestazione in ogni pagina** per fare in modo che la riga a cui si imposta questo parametro sia riconosciuta da Word come intestazione della tabella e possa essere ripetuta allorquando la stessa tabella sia divisa in più pagine.
Di seguito sono riportati due esempi grafici relative alle parametrizzazioni sopra esposte.

Regione	Popolazione residenti	Superficie km²	Densità abitanti/km²	Numero Comuni	Numero Province
Sicilia	4.999.891	25.832,39	194	390	9
Piemonte	4.356.406	25.387,07	172	1.181	8
Sardegna	1.639.591	24.100,02	68	377	5
Lombardia	10.060.574	23.863,65	422	1.506	12
Toscana	3.729.641	22.987,04	162	273	10
Emilia-	4.459.477	22.452,78	199	328	9

Regione	Popolazione residenti	Superficie km²	Densità abitanti/km²	Numero Comuni	Numero Province
Romagna					
Puglia	4.029.053	19.540,90	206	257	6
Veneto	4.905.854	18.345,35	267	563	7

Figura 30 Esempio di riga divisa tra due pagine Flag attivo si Permetti la divisione della riga tra le pagine

Regione	Popolazione residenti	Superficie km²	Densità abitanti/km²	Numero Comuni	Numero Province
Sicilia	4.999.891	25.832,39	194	390	9
Piemonte	4.356.406	25.387,07	172	1.181	8
Sardegna	1.639.591	24.100,02	68	377	5
Lombardia	10.060.574	23.863,65	422	1.506	12
Toscana	3.729.641	22.987,04	162	273	10
Emilia- Romagna	4.459.477	22.452,78	199	328	9

Regione	Popolazione residenti	Superficie km²	Densità abitanti/km²	Numero Comuni	Numero Province
Puglia	4.029.053	19.540,90	206	257	6
Veneto	4.905.854	18.345,35	267	563	7

Figura 31 Esempio di riga non divisa tra le pagine in assenza del flag su Permetti la divisione della riga tra le pagine

Regione	Popolazione residenti	Superficie km²	Densità abitanti/km²	Numero Comuni	Numero Province
Sicilia	4.999.891	25.832,39	194	390	9
Piemonte	4.356.406	25.387,07	172	1.181	8
Sardegna	1.639.591	24.100,02	68	377	5
Lombardia	10.060.574	23.863,65	422	1.506	12
Toscana	3.729.641	22.987,04	162	273	10
Emilia-Romagna	4.459.477	22.452,78	199	328	9
Puglia	4.029.053	19.540,90	206	257	6

La riga è ripetuta nella seconda pagina

Regione	Popolazione residenti	Superficie km²	Densità abitanti/km²	Numero Comuni	Numero Province
Veneto	4.905.854	18.345,35	267	563	7
Lazio	5.879.082	17.232,29	341	378	5
Calabria	1.947.131	15.221,90	128	404	5
Campania	5.801.692	13.670,95	424	550	5
Trentino-Alto Adige	1.072.276	13.605,50	79	282	2
Abruzzo	1.311.580	10.831,84	121	305	4

Figura 32 Esempio di flag su Ripeti come riga di intestazione in ogni pagina

1.6.2 Unire e dividere celle o tabelle

Le celle di una tabella possono essere unite, cioè da due celle contigue se ne forma una, oppure divise. I comandi per svolgere questa funzione si trovano nella scheda contestuale **Layout** gruppo **Unione**.

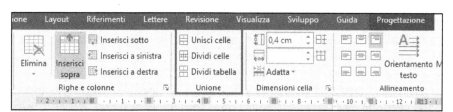

Figura 33 Gruppo Unione della scheda Layout

Per unire due celle contigue selezionarle e cliccare su **Unisci celle**, si formerà un'unica cella dall'unione delle due e il contenuto di entrambe non verrà perso ma contenuto interamente nella nuova cella.
La divisione delle celle è un po' più elaborata. Dopo essersi posizionati nella cella cliccare su **Dividi Celle** appare la seguente maschera.

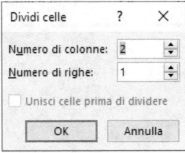

Figura 34 Dividi Celle

Scegliere il numero di colonne e di righe in cui si desidera dividere la cella e cliccare su **OK**. In pratica inserendo il numero due sia in **Numero di colonne** sia in **Numero di righe** la cella si divide in quattro, in sei se si inserisce il numero tre e così via.

All'interno dello stesso gruppo di comandi è posizionata anche la funzione di divisione di una intera tabella. Se si vuole effettuare questa modifica, in modo da creare due tabelle, posizionarsi con il mouse sulla riga scelta, che poi costituirà la prima riga della nuova tabella, e cliccare su **Dividi Tabella**. Word dividerà la tabella al punto desiderato creandone un'altra.

1.6.3 Gestione avanzata delle celle

Ogni cella all'interno di una tabella deve essere considerata come una casella di testo e, in quanto tale, ha i propri margini, il proprio allineamento ecc. Attivando le proprietà della tabella dalla scheda **Layout** e si accedendo alla scheda **Cella**, tutte queste parametrizzazioni si rendono gestibili all'utente.

Da questa finestra (figura 34), attivabile anche dal gruppo **Dimensione cella** della stessa scheda **Layout,** sono parametrizzabili i seguenti elementi:

- Larghezza predefinita della cella e la relativa unità di misura;
- L'allineamento verticale del testo all'interno della cella con possibilità di scegliere in basso, al centro e in alto.

Con il tasto **Opzioni,** posizionato in basso a destra della finestra, si accede alla gestione avanzata della cella (figura 36) in cui possono essere scelti i margini entro i quali posizionare il testo. Si può decidere di uniformarli a quelli presenti in tabella oppure di impostare dei valori manualmente. Questa opzione risulta efficace quando abbiamo necessità di modificare lo spazio a disposizione del testo senza modificare la dimensione della cella per evitare l'antiestetico effetto di avere celle di dimensione diverse all'interno della stessa tabella.

Per modificare i margini della cella deflaggare **Come nell'intera tabella** e inserire i valori dei margini Superiore, Inferiore, Sinistro e Destro.

In **Opzioni**, inoltre, sono riportate due caselle di controllo utili a permettere il riporto a capo del testo quando questo supera i margini della cella (**Testo a capo**) e ad adattare il testo alla grandezza della cella in modo da riempire tutto lo spazio disponibile interno ai margini (**Adatta testo**).

I margini sono gestibili anche dal comando **Margini Cella** del gruppo **Allineamento** che attiva la finestra rappresentata in figura 37 (**Opzioni tabella**). In questo caso i margini impostati si applicheranno all'intera tabella e non soltanto alle celle selezionate.

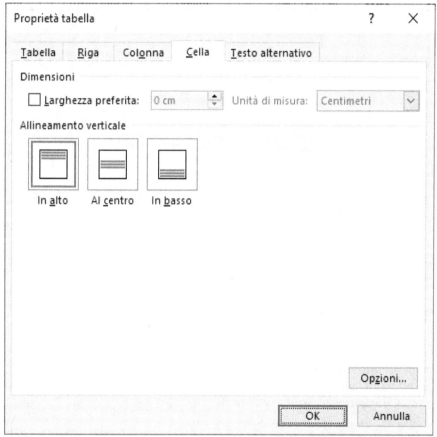

Figura 35 Scheda Cella

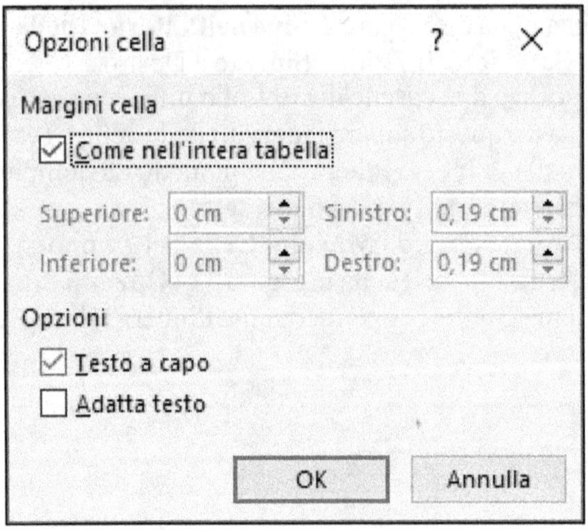

Figura 36 Opzioni cella

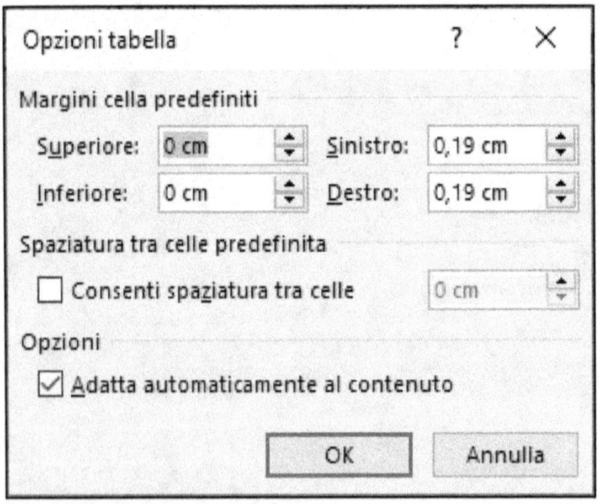

Figura 37 Opzioni tabella

Da rimarcare la presenza in quest'ultima finestra dell'opzione **Adatta automaticamente al contenuto** che, se flaggato, fa in modo che la cella adatti automaticamente la sua dimensione in dipendenza del testo contenuto. Con **Consenti spaziatura tra le celle**, invece, si può impostare il valore da utilizzare per distanziare le celle.

L'ultimo elemento da analizzare in merito alla gestione del contenuto delle celle, concerne l'orientamento del testo. L'utente, infatti, ha la possibilità di orientare il testo non in maniera orizzontale, come è impostato di default, ma verticalmente utilizzando il comando **Orientamento testo** del già visto gruppo **Orientamento**. La funzione è avviabile anche dal menu contestuale.

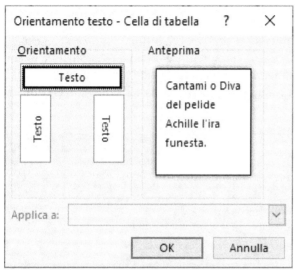

Figura 38 Orientamento testo dal menu contestuale

Dalla finestra scegliere l'orientamento desiderato e confermare. Quando si utilizza il comando direttamente nella barra multifunzione non appare questa schermata ma il testo è orientato direttamente in tabella.

Un orientamento verticale è consigliabile in tabelle complesse per etichettare e raggruppare un insieme di righe.

Nel'esempio che segue le regioni sono distinte in piccole, medie e grandi utilizzando delle celle unite con orientamento verticale del testo.

Regione	Popolazione residenti	
Valle d'Aosta	125.666	Piccole
Molise	305.617	
Basilicata	562.869	
Umbria	882.015	
Trentino-Alto Adige	1.072.276	Medie
Friuli Venezia Giulia	1.215.220	
Abruzzo	1.311.580	
Marche	1.525.271	
Liguria	1.550.640	
Sardegna	1.639.591	
Calabria	1.947.131	
Toscana	3.729.641	
Puglia	4.029.053	
Piemonte	4.356.406	
Emilia-Romagna	4.459.477	
Veneto	4.905.854	
Sicilia	4.999.891	
Campania	5.801.692	Grandi
Lazio	5.879.082	
Lombardia	10.060.574	

1.6.4 Ordinamento dati in una tabella

I dati all'interno di una tabella possono essere ordinati in modo crescente o decrescente in base ad uno o più parametri numerici o alfanumerici, di solito contenuti nella riga di intestazione. Per impostare un ordinamento posizionarsi nella scheda contestuale **Layout** e lanciare il comando **Ordina** dal gruppo **Dati**.

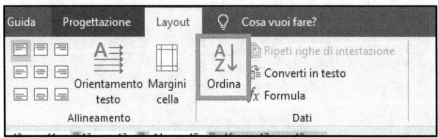

Figura 39 Comando ordina tabella

Appare la seguente finestra.

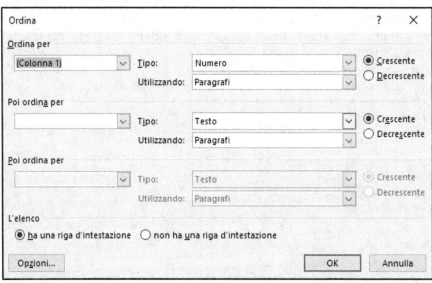

Figura 40 Finestra Ordina

Il primo elemento da definire è la presenza o meno di una intestazione. In caso affermativo scegliere l'opzione **ha una riga di intestazione** che permette di scegliere nei criteri di ordinamento l'etichetta della colonna in base alla quale ordinare i dati. In assenza di una prima riga di intestazione, utilizzare l'opzione **non ha una riga di intestazione** in quest'ultimo caso Word ordina tutti i dati dal primo all'ultimo. L'utilizzo degli stili tabella o comunque una corretta formattazione, con indicazione delle righe di intestazione e di totale, risulta molto importante per questa funzione, perché l'applicativo già riconosce le caratteristiche delle varie righe e si evita, così, di fare errori nell'ordinamento.

Il secondo passo da fare è individuare nel campo **Ordina per** la colonna (intestazione o numero in dipendenza di quanto precedentemente scelto) da utilizzare per ordinare i dati e, infine, se l'ordine deve essere crescente o decrescente. Compilando i campi **Poi ordina per** si possono scegliere altri due criteri di ordinamento successivi al primo. In altre parole Word ordina i dati primariamente con **Ordina per** e poi, a parità del primo criterio, utilizza il secondo e poi, eventualmente, il terzo.

Nell'esempio che segue la tabella che mostra le regioni italiane con i dati della popolazione è ordinata alfabeticamente per nome della regione.

Regione	Popolazione residenti	Superficie km²	Densità abitanti/km²	Numero Comuni	Numero Province
Abruzzo	1.311.580	10.831,84	121	305	4
Basilicata	562.869	10.073,32	56	131	2
Calabria	1.947.131	15.221,90	128	404	5
Campania	5.801.692	13.670,95	424	550	5
Emilia-Romagna	4.459.477	22.452,78	199	328	9
Friuli Venezia Giulia	1.215.220	7.924,36	153	215	4
Lazio	5.879.082	17.232,29	341	378	5
Liguria	1.550.640	5.416,21	286	234	4
Lombardia	10.060.574	23.863,65	422	1.506	12
Marche	1.525.271	9.401,38	162	228	5
Molise	305.617	4.460,65	69	136	2
Piemonte	4.356.406	25.387,07	172	1.181	8
Puglia	4.029.053	19.540,90	206	257	6
Sardegna	1.639.591	24.100,02	68	377	5
Sicilia	4.999.891	25.832,39	194	390	9
Toscana	3.729.641	22.987,04	162	273	10
Trentino-Alto Adige	1.072.276	13.605,50	79	282	2
Umbria	882.015	8.464,33	104	92	2
Valle d'Aosta	125.666	3.260,90	39	74	1
Veneto	4.905.854	18.345,35	267	563	7

Figura 41 Esempio tabella ordinata alfabeticamente

1.6.5 Conversione testo-tabella e tabella-testo

Non tutti gli utenti sono a conoscenza della funzione di Word che consente di convertire un testo in una tabella e viceversa. Per utilizzarla in modo adeguato è necessario disporre di un testo ben delimitato tramite tabulazioni, punti e virgola o altri segni. In assenza di questa caratteristica la conversione può avere dei risultati pessimi. Di seguito un esempio di testo delimitato da tabulazioni.

Regione	Popolazione	Superficie	Densità
Abruzzo	1.311.580	10.831,84	121
Basilicata	562.869	10.073,32	56
Calabria	1.947.131	15.221,90	128
Campania	5.801.692	13.670,95	424
Emilia-Romagna	4.459.477	22.452,78	199
Friuli Venezia Giulia	1.215.220	7.924,36	153

Per convertirlo in una tabella bisogna prima selezionarlo interamente e utilizzare il comando **Inserisci→Tabella→Converti testo in una tabella**. Viene visualizzata la finestra di gestione di seguito mostrata, in cui scegliere il numero di righe e di colonne da impostare, le opzioni di adattamento automatico e quale elemento deve essere utilizzato per separare il testo in celle (tabulazioni, paragrafi ecc.). È fondamentale per il buon esito della conversione scegliere correttamente il numero di righe/colonne da creare che deve corrispondere esattamente al numero di righe e colonne in cui si compone il testo delimitato. Anche la corretta scelta del carattere di delimitazione è requisito essenziale.

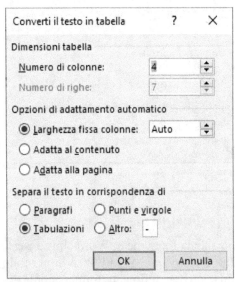

Figura 42 Converti testo in tabella

L'effetto è la creazione della seguente tabella.

Regione	Popolazione	Superficie	Densità
Abruzzo	1.311.580	10.831,84	121
Basilicata	562.869	10.073,32	56
Calabria	1.947.131	15.221,90	128
Campania	5.801.692	13.670,95	424
Emilia-Romagna	4.459.477	22.452,78	199
Friuli Venezia Giulia	1.215.220	7.924,36	153

Meno articolate, invece, è la funzione che trasforma una tabella in un testo delimitato. Dopo aver selezionato la tabella posizionarsi nella scheda contestuale **Layout** e lanciare il comando **Converti in testo** del gruppo **Dati**.

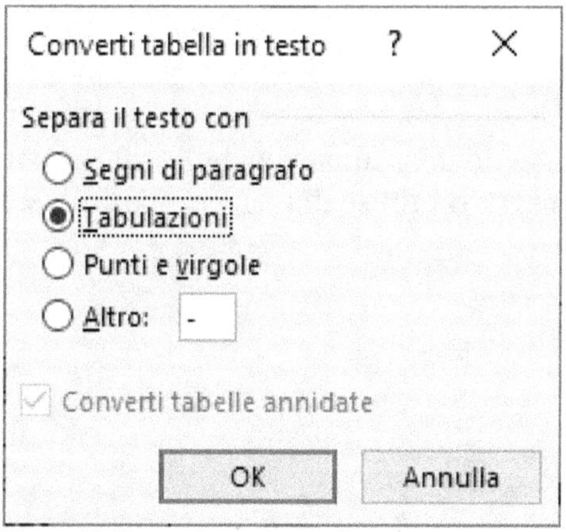

Figura 43 Converti testo in tabella

L'unica scelta che la funzione impone riguarda quale elemento utilizzare per separare il testo. Confermando con **OK** Word crea converte il testo in una tabella.

TUTORIAL VIDEO 7 – Le tabelle

Capitolo 2 – Uso dei riferimenti

Per la redazione di documenti complessi quali un libro o la tesi di laurea è assolutamente necessario il corretto uso dei riferimenti di Word. Il sommario, l'indice, le note a piè pagina, la bibliografia sono elementi indispensabili per il conferimento di professionalità, ordine e stile al testo. Spesso, però, l'utente medio non ha tutte le competenze per applicare efficacemente tali funzioni ed è costretto a vere e proprie peripezie documentali per raggiungere un risultato appena accettabile.

Nelle pagine che seguono sono dettagliatamente analizzati tutti i riferimenti che il word processor di Microsoft mette a disposizione.

2.1   Le Didascalie

Quando si inserisce un oggetto in un documento sia esso un'immagine, una tabella o un grafico, è buona norma accompagnarlo da una didascalia numerata progressivamente e contenente una breve descrizione del suo contenuto.

A tal fine dopo aver selezionato l'oggetto posizioniamoci nella scheda **Riferimenti** e lanciamo il comando **Inserisci didascalia** dal gruppo **Didascalie**. Viene aperta la relativa finestra.

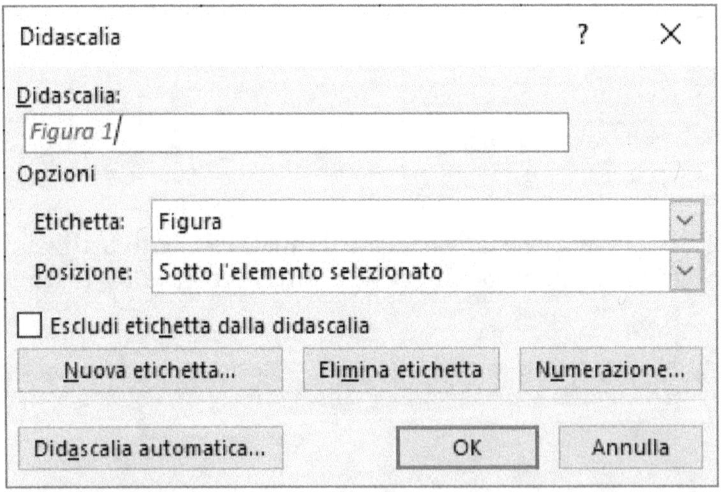

Figura 44 Didascalia

Ogni didascalia può essere posizionata sopra o sotto l'oggetto, è composta da una etichetta (Figura, Tabella, Immagine ecc.) che può essere esclusa, creata o eliminata dall'utente utilizzando i relativi comandi, e da una numerazione progressiva da gestire in **Numerazione.** È possibile scegliere un formato numerico o alfabetico, includere il numero del capitolo e scegliere un carattere di separazione. La numerazione è aggiornata automaticamente dall'applicazione ma l'utente può farlo manualmente dal menu contestuale (tasto destro del mouse sulla numerazione) tramite il comando **Aggiorna Campo**.

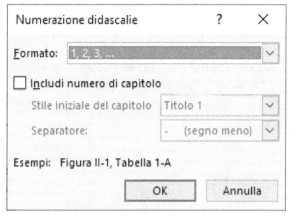

Figura 45 Numerazione didascalie

Word gestisce la formattazione delle didascalie tramite uno stile presente nell'elenco della scheda **Home**, e questo aspetto oltre a pregi di natura estetica, permette da un lato di modificare la formattazione attraverso la modifica del relativo stile, e dall'altro la creazione di un indice delle figure in modo molto agevole.

2.2   Le Note

L'inserimento delle note al testo può avvenire sia a piè pagina sia alla fine del documento, in quest'ultimo caso si definiscono **Note di chiusura**. L'operatività è piuttosto semplice, è necessario posizionarsi con il cursore nel punto esatto dove inserire la nota e cliccare su **Riferimenti→Inserisci nota a piè pagina**.

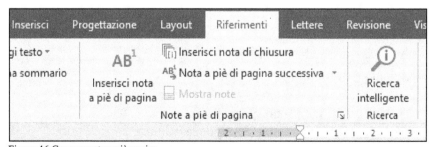

Figura 46 Gruppo note a piè pagina

Word inserisce il numero progressivo della nota con formattazione di apice
e porta il cursore a fondo pagina per permettere all'utente di scrivere il testo della nota. Tale testo è separato dalla restante parte del documento da
una linea di demarcazione che rende il tutto esteticamente molto gradevole.
La nota è formattata con lo stesso font utilizzato nel paragrafo ma con una
dimensione minore e ampia possibilità di personalizzazione utilizzando i
comandi standard della barra multifunzione, compresi gli stili. La progressione numerica è automatica, come visto anche per le didascalie.
Sempre dal gruppo **Note a piè pagina** della scheda **Riferimenti** si può accedere alla finestra di dialogo **Note a piè pagina e di chiusura**.

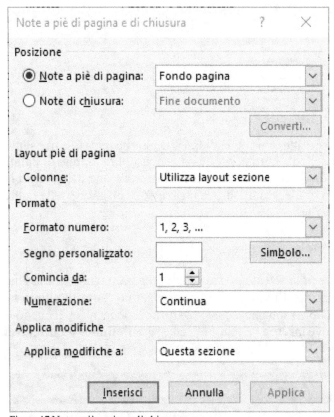

Figura 47 Note a piè pagina e di chiusura

Le opzioni gestibili sono:

- La posizione a fondo pagina o nel testo;
- La parametrizzazione del layout a colonne;
- Il tipo di numerazione (numerica, alfabetica ecc.) con possibilità di
  impostare un segno personalizzato;

- Comincia da per impostare un punto di inizio della numerazione (da utilizzare anche per riacquistale la progressione persa);
- La numerazione continua, da ricominciare ad ogni sezione oppure ad ogni pagina.

Il suggerimento è di lasciare le parametrizzazioni di default e di cambiarle unicamente per particolari esigenze.

Con il tasto **Inserisci** in figura 46 la nota viene inserita (metodo alternativo al semplice clic sul comando inserisci nota a piè pagina). La rimozione è anch'essa molto semplice ed è effettuata con l'eliminazione dal testo del carattere apice.

Posizionando il cursore del mouse sulla nota all'interno del documento Word 2019 fa vedere un'anteprima del testo inserito in un tooltip, con il doppio clic sull'apice, invece, il cursore è riportato sulla corrispondete nota.

Quanto sopra detto vale, con piccole differenze, anche per le note di chiusura (**Riferimenti→Inserisci nota di chiusura**) e la maschera di opzione è la medesima. La differenza tra le due tipologie di riferimenti sta nel loro posizionamento. La nota di chiusura, infatti, non è inserita nella pagina del testo annotato ma bensì alla fine della sezione o del documento (opzione gestibile dalla maschera in figura 46). Una nota di chiusura può essere convertita in una nota a piè pagina e viceversa. Per effettuare la conversione abbiamo due opzioni. La prima sfruttando il menu contestuale che appare cliccando con il tasto destro sul testo della nota e scegliere il comando **Converti in nota di chiusura** o **Converti in nota a piè pagina**. La seconda, invece, dalla finestra note a piè pagina e chiusura cliccando su **Converti** e scegliendo il tipo di conversione che si desidera dalla finestra seguente.

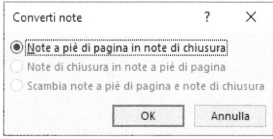

Figura 48 Converti note

Sempre dallo stesso gruppo della scheda **Riferimenti** e utilizzando il menu a tendina **Note a piè pagina successiva** l'utente può 'navigare' tra le note passando dalla precedente alla successiva.

TUTORIAL VIDEO 8 – Didascalie e Note

2.3 Citazioni e bibliografia

Una citazione è *"l'indicazione del titolo, volume, pagina di un'opera (ed eventualmente del luogo e della data di edizione, ma talora anche del solo nome dell'autore), alla quale si rimanda per stabilire rapporti con quanto si scrive o si dice, oppure per dare autorità a quanto si afferma, per precisare le fonti alle quali si attinge"* (Treccani 2020).

La definizione di cui sopra è stata ripresa da una enciclopedia e, di conseguenza, è stata inserito un riferimento all'autore e all'opera, in altre parole una citazione. È buona pratica utilizzare questi riferimenti ogni volta che si utilizzano frasi o testi non originali.

Per inserire una citazione utilizziamo il relativo comando nel gruppo **Citazioni e bibliografia** della scheda **Riferimenti**.

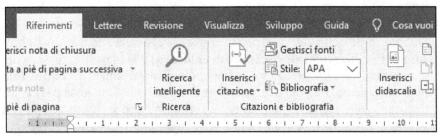

Figura 49 Gruppo citazioni e bibliografia

Cliccando su **Inserisci citazione** e poi su **Aggiungi nuova fonte** viene aperta la finestra di seguito rappresentata da cui impostare tutte le informazioni disponibili e relative alla fonte citata: tipo di fonte (libro, sezione, articolo ecc.), l'autore, il titolo dell'opera, l'editore ecc.

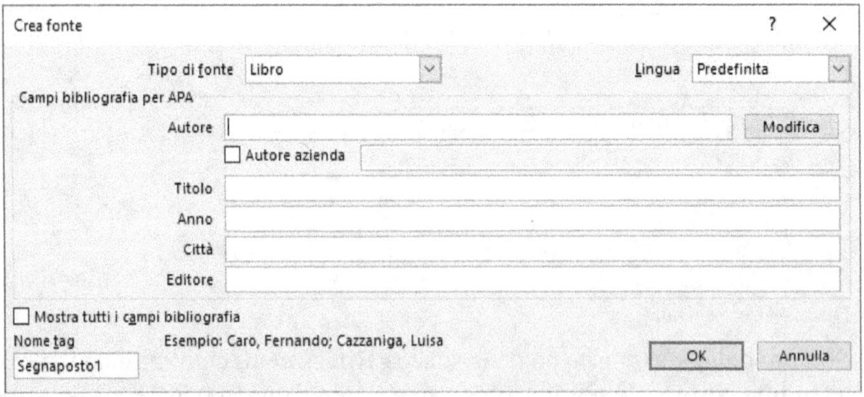

Figura 50 Crea fonte

Compilando i campi e confermando, la citazione verrà inserita nel testo con uno specifico stile (APA, Chicago, GB7714 ecc.), stile che può essere modificato in qualsiasi momento utilizzando il menu a tendina presente nel gruppo indicato in figura 49.

Una volta creata la fonte è salvata nel relativo elenco, risulta richiamabile semplicemente attraverso il comando **Inserisci citazione** come mostrato nell'immagine successiva, in modo da poterla riutilizzare per altre citazioni dello stesso autore. Essa, inoltre, è sempre gestibile grazie al pulsante **Gestisci fonti**.

Figura 51 Richiamo di una fonte già creata

L'insieme di tutte le fonti utilizzate nel documento costituisce la **Bibliografia**. L'utente può inserirla automaticamente utilizzando l'omonimo menu presente sempre nel gruppo **Citazione e Bibliografia** e scegliendo una delle tipologie 'incorporate' proposte, oppure predisporne una da personalizzare tramite il comando **Inserisci bibliografia**. Word elencherà, in base allo stile scelto, tutte gli autori citati. La bibliografia è sempre modificabile

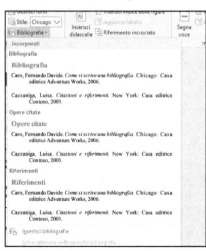

e aggiornabile. Con un clic del mouse sull'elenco, infatti, si attiva la gestione e l'utente può agire in modifica.

Di seguito è riportato un esempio di bibliografia della fonte inserita all'inizio di questo paragrafo. Si noti il comando **aggiorna citazione** da utilizzare in caso di inserimento di ulteriori fonti.

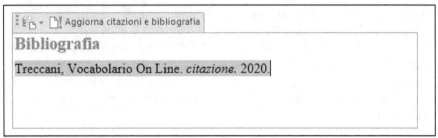

Figura 52 Gestione ed aggiornamento della bibliografia

TUTORIAL VIDEO 9 – La bibliografia

2.4   Il Sommario

Il sommario contiene l'elenco degli argomenti utilizzati nel documento, organizzati gerarchicamente e individuati da specifici stili. A base di questo riferimento, quindi, vi sono gli stili analizzati nel paragrafo 1.3. È proprio grazie ad un corretto uso della formattazione degli argomenti (per esempio i paragrafi) che Word riesce agevolmente a creare un sommario. Nella raccolta degli stili già sono preimpostati quelli dei titoli (titolo 1, titolo 2 ecc.) ma l'utente è libero di impostarne altri.
L'inserimento avviene dal menu **Sommario** dell'omonimo gruppo.

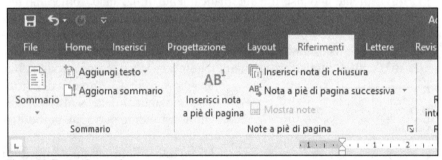

Figura 53 Gruppo Sommario

Come visto per la bibliografia il programma propone alcune tipologie di sommari già preimpostati, ma l'utente ha la possibilità di crearne altri totalmente personalizzabili sia come formattazione sia come stili da considerare.
È importante che tutto il testo da richiamare nel sommario (esempio titolo del capitolo, titolo del paragrafo e del sotto paragrafo) sia stato formattato utilizzando gli stessi stili per tipologia di aggregazione (esempio stile titolo 1 per i capitoli, titolo 2 per i paragrafi e così via). Non è necessario utilizzare esclusivamente gli stili preimpostati ma l'utente è libero di utilizzare altri stili anche creati ad hoc. Ovviamente solo il testo da includere deve

essere parametrizzato con gli stili scelti e non anche il contenuto del documento che, altrimenti, andrebbe a far parte anch'esso del sommario.

In questa immagine si possono notare i Sommari **Incorporati** cioè quelli

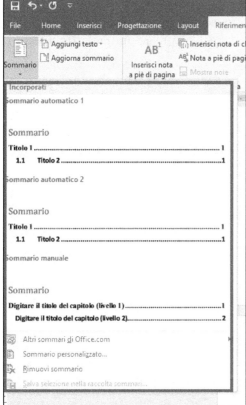

Figura 54 Menu Sommario

preimpostati e facilmente richiamabili che utilizzano gli stili standard Titolo 1, Titolo 2 e similari. Con **Altri sommari di Office.com** si possono scaricare direttamente dal sito di Microsoft ulteriori sommari incorporati.

Con il comando **Sommario personalizzato** sia avvia la creazione di un nuovo riferimento in base alle scelte dell'utente. Il comando **Rimuovi sommario** lo elimina dal documento e infine **Salva selezione nella raccolta**, similmente a quanto avviene per gli stili, crea un nuovo standard in base al testo selezionato.

Avviando la creazione guidata si accede alla finestra di dialogo mostrata in figura 55. Essa mostra inizialmente due anteprime una per la visione stampabile l'altra per la versione web.

Le opzioni gestibili sono:

- Mostra numeri di pagina: visualizza i numeri di pagina dei capitoli e dei paragrafi. Si consiglia di lasciare flaggato;
- Numeri di pagina allineati a destra: allinea a destra della pagina tutti i numeri di pagina. Ciò produce un gradevole effetto estetico quindi è opportuno lasciare attivo anche questo parametro;
- Caratteri di riempimento: scegliere il carattere da utilizzare per riempire lo spazio vuoto tra il titolo della voce e il numero di pagina;
- Usa collegamenti ipertestuali anziché numeri di pagina: opzione relativa alla versione web, imposta dei collegamenti ipertestuali sulle voci del sommario senza utilizzare i numeri di pagina.

- Formati: scegliere il formato del sommario che si desidera. Il suggerimento è di provare le opzioni disponibili nel menu a tendina e di utilizzare quella che si ritiene esteticamente e funzionalmente più adatta al contenuto del documento.

- Mostra livelli fino a: word gestisce fino a 9 livelli di voci ma di solito tre rappresenta la scelta più adatta. Un numero più alto inficerebbe la leggibilità del sommario.

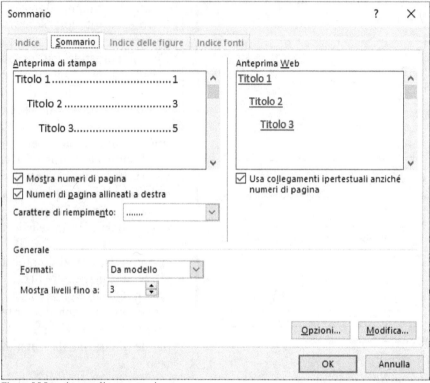

Figura 55 Inserimento di un sommario

Il formato da modello è quello standard ma l'utente ha possibilità di personalizzarlo con il tasto **Modifica**.

Prima di confermare l'inserimento e vedere l'effetto della scelta è necessario, nel caso di utilizzo di stili personalizzati, andare a indicarli all'interno delle **Opzioni.** Come si nota nella figura che segue Word riporta l'elenco degli stili affiancato da caselle di testo (livelli). In questi spazi, se si scorre l'elenco, è impostato l'ordine da utilizzare per il sommario (ricordiamo che questo elemento ha una struttura gerarchica). In altre parole, il programma inserirà prima le voci con stile 'etichettato' con 1, all'interno quello con il numero 2 e così per gli altri livelli, in modo da formare una gerarchia.

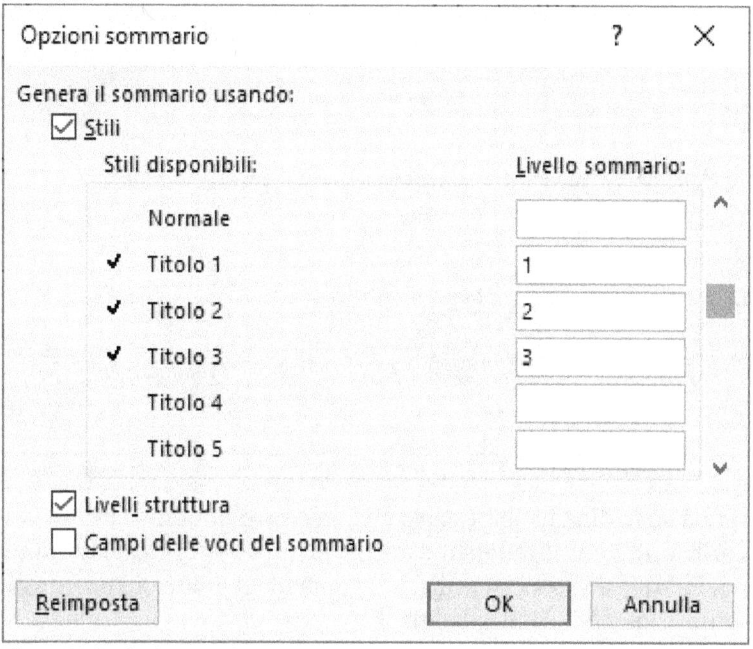

Figura 56 Opzioni sommario

Se all'interno del documento sono stati utilizzati degli stili diversi da quelli preimpostati, è necessario eliminare i livelli di default e inserirli in corrispondenza degli stili utilizzati per formattare le voci da inserire. Confermando il sommario è inserito nella pagina.
Di seguito alcuni esempi.

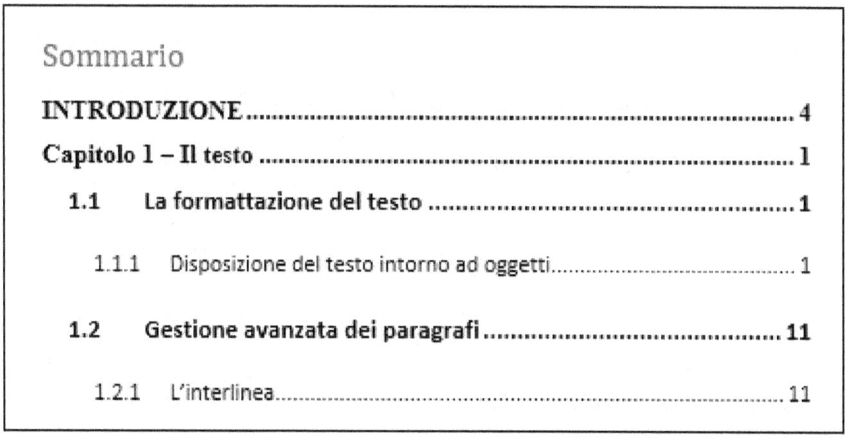
Sommario

INTRODUZIONE 4
Capitolo 1 – Il testo 1
1.1 La formattazione del testo 1
1.1.1 Disposizione del testo intorno ad oggetti 1
1.2 Gestione avanzata dei paragrafi 11
1.2.1 L'interlinea 11

Figura 57 Sommario standard

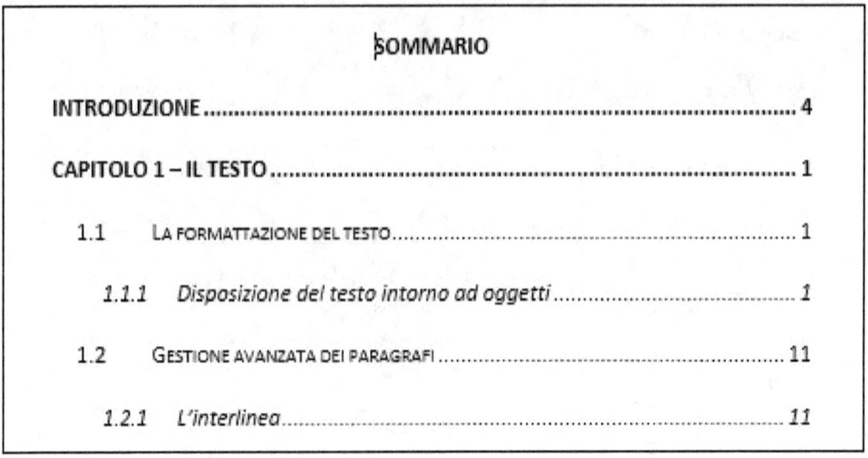

Figura 58 Sommario personalizzato formato classico

I sommari non sono dinamici nel senso che, in caso di modifica del documento, Word non aggiorna automaticamente le nuove voci create e i numeri di pagina. Per questo scopo si utilizza il comando **Aggiorna sommario** (gruppo sommario, menu contestuale).

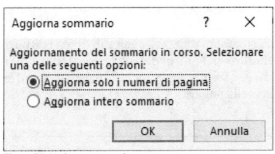

Figura 59 Aggiorna sommario

Scegliere **Aggiorna solo i numeri di pagina** se non ci sono stati cambiamenti nelle voci e si desidera quindi aggiornare solo il numero di pagina corrispondente. Scegliere **Aggiorna intero sommario** in caso contrario.

Con il comando **Aggiungi testo**, infine, si ha la possibilità di inserire nel sommario una voce anche se non formattata con gli stili utilizzati e, di converso, eliminare una voce contrassegnata per non farla rientrare nell'elenco.

TUTORIAL VIDEO 10 – Il sommario

2.5 L'Indice delle figure

In un documento composto da numerose figure, tabelle o immagini è sempre buona norma predisporre un indice di questi oggetti cioè un elenco ordinato con l'indicazione della loro descrizione e del numero di pagina in cui sono ubicati.

Come visto in precedenza, quando si inserisce un oggetto si è soliti 'etichettarlo' con una didascalia (paragrafo 2.1) e l'indice non fa altro che riportare queste ultime in forma di elenco.

Operativamente l'inserimento avviene dalla scheda **Riferimenti** gruppo **Didascalie** comando **Inserisci indice delle figure**.

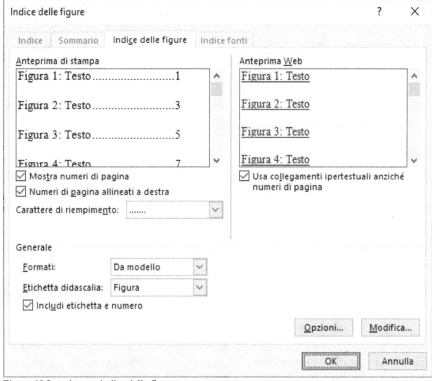

Figura 60 Inserimento indice delle figure

Come si può notare, la funzione è del tutto simile a quella già esaminata per il sommario e quindi si porrà l'attenzione solo sulle differenze.

In primo luogo, bisogna definire quale etichetta di didascalia si vuole inserire nell'indice (Figura, Tabella, Immagine), quindi potremmo anche creare più tipologie di indici all'interno del nostro documento, nel caso avessimo utilizzato più tipologie di didascalie (ad esempio un indice delle Figure e uno delle Tabelle). Successivamente, dopo aver scelto il modello da utilizzare, bisogna definire anche l'etichetta e la numerazione. Alla conferma Word crea l'indice. Di seguito sono mostrati alcuni esempi di indici relativi alle figure del presente testo.

Figura 61 Indice delle figure stile da modello con etichetta e numero

Figura 62 Indice delle figure stile moderno senza etichetta e numerazione

Gli stili e le altre formattazioni sono sempre gestibili e modificabili semplicemente selezionando l'indice e cliccando nuovamente su **Inserisci indice delle figure**. Dopo aver modificato le impostazioni il programma chiede se sostituire l'elenco e alla conferma da parte dell'utente procede di conseguenza.

Similmente a quanto avviene per il sommario, anche per questo riferimento con il menu contestuale è possibile aggiornare l'indice totalmente, in caso di aggiunta di nuove voci, o solo i suoi numeri di pagina, in caso ad esempio di inserimento di altro testo nel documento che abbia spostato di pagina la figura o la tabella.

L'indice delle figure è di solito inserito alla fine del documento.

2.6   L'Indice analitico

L'Indice analitico contiene l'elenco alfabetico delle voci utilizzate all'interno del documento e contrassegnate dall'utente. Ogni voce può essere organizzata su più livelli gerarchici.
Per inserire un indice sono necessarie due fasi:

- Contrassegnare le voci;
- Creare l'indice.

Contrassegnare, o meglio segnare, la voce significa dare l'indicazione all'applicativo di inserirla in un futuro indice analitico. L'operazione, in sé abbastanza semplice, può nella pratica risultare abbastanza macchinosa soprattutto in presenza di documenti lunghi e complessi. In effetti l'utilizzazione di questo tipo di riferimento è piuttosto rara, limitandosi, in linea di massima, a manuali di tipo scientifico o divulgativo.
Per segnare una parola bisogna prima selezionarla e successivamente utilizzare il comando **Riferimenti→Indice→Segna voce**, e gestire la seguente maschera.

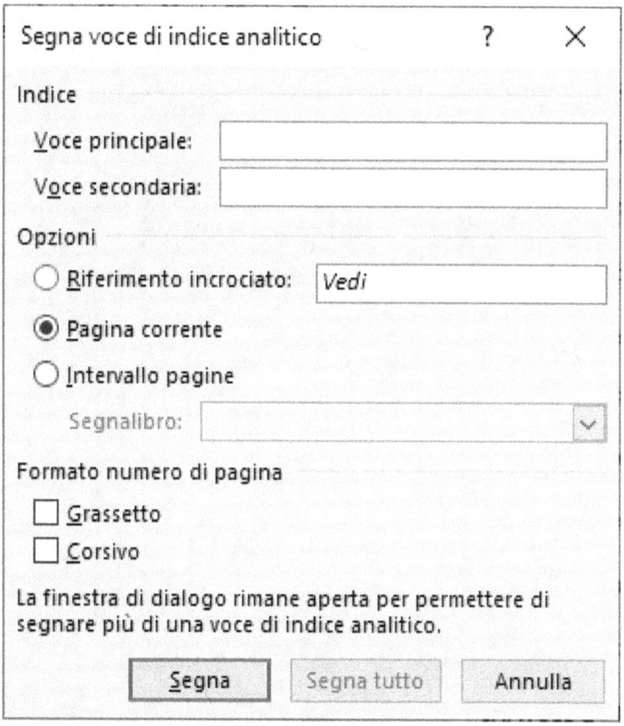

Figura 63 Segna voce di indice analitico

Come detto in precedenza, ogni parola può essere inserita in livelli gerarchici, voce principale e voce secondaria e un terzo livello che può essere impostato inserendo due punti (:) tra i termini nel campo voce secondaria. Nel nostro testo, ad esempio, più volte sono stati utilizzati i termini Figura, Immagine e Tabella come possibili etichette di una didascalia. A rigor di logica è possibile inserire questi termini come voci secondarie legate gerarchicamente ad una voce principale, ossia Didascalia, intesa come loro raggruppamento. Segneremo quindi Didascalia come voce principale e Figura, Immagine e Tabella come voci secondarie. Ovviamente questa procedura non è un obbligo ma l'utente può segnare solo voci principali senza indicare le secondarie.

Compilati i primi due campi e lasciando, per il momento, l'opzione **Pagina corrente**, si gestisce il formato del numero di pagina scegliendo se indicarlo in grassetto e/o in corsivo e infine si clicca su **Segna** (con **Segna tutto** Word segna tutte le ricorrenze del termine all'interno del documento). Questa operazione attiva la visualizzazione dei caratteri nascosti e si possono notare affiancati ai termini segnati i caratteri XE racchiusi in parentesi graffe. Questo tipo di campo indica che quella voce è stata segnata. Gestendo il testo dentro le parentesi è possibile modificare la segnatura.

Dopo aver segnato tutte le voci da includere nell'indice non ci resta altro che crearlo con il comando **Inserisci indice**.

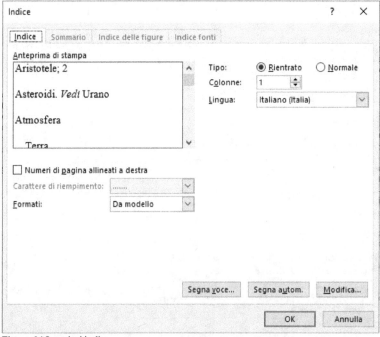

Figura 64 Inserisci indice

Sfruttando l'anteprima impostare le parametrizzazioni richieste dalla finestra:

- Se si desidera inserire i numeri di pagina a destra del foglio e di conseguenza quale carattere di riempimento utilizzare;
- Il Formato (si veda quanto detto per il sommario);
- Il Tipo: rientrato o normale;
- Su quante colonne impostare l'indice

Da questa gestione si può richiamare la funzione **Segna voce** e utilizzarne un'altra **Segna automaticamente** che permette all'utente di scegliere un file con un insieme di parole da segnare. Confermando Word inserisce l'indice.

Di seguito un esempio molto semplice di indice che riporta il caso sopra descritto (Didascalia voce primaria, Figura, Immagine e Tabella voci secondarie) con aggiunta della voce Sommario per la quale sono state segnate tutte le ricorrenze. Il testo è riportato su un'unica colonna.

> Didascalia: Figura; 53; Immagine; 53; Tabella; 53
>
> **Sommario**; 48; 49; 51; 52; 1; 2

Figura 65 Esempio di Indice analitico

Quando si segna una voce la sono permesse altre due parametrizzazioni:

- Riferimento incrociato: quando si rinvia la voce ad un'altra già segnata (esempio Pianoforte Vedi Strumenti musicali);
- Intervallo di pagine: rinvia la voce ad una parte del testo segnata con un segnalibro.

L'indice analitico è aggiornabile con la stessa modalità vista per il Sommario e l'Indice delle figure (aggiorna campo dal menu contestuale o dalla barra multifunzione).

Per cancellare la segnatura di una voce mostrare i caratteri speciali ed eliminare i campi XE associati.

2.7 Segnalibri

I segnalibri sono degli elementi non visibili contrassegnati da un nome che individuano una parte del testo o un punto specifico del documento. Sono usati per linkare dei collegamenti ipertestuali o per navigare facilmente all'interno di un elaborato molto lungo. Per inserirlo selezionare il testo o posizionare il mouse nel punto desiderato e seguire il percorso **Inserisci→Collegamenti→Segnalibro**. Il comando attiva la finestra omonima.

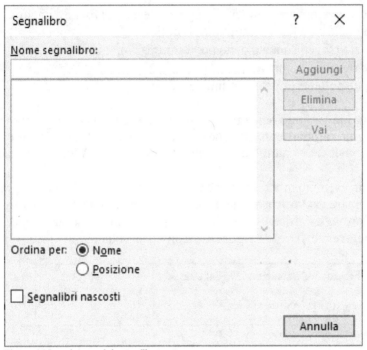

Figura 66 Inserimento del segnalibro

Inserire il nome del segnalibro, senza spazi, e cliccare su **Aggiungi**.
Volendo fare un esempio possiamo ipotizzare di inserire un collegamento ipertestuale utilizzando un segnalibro che riporti al primo capitolo di questo testo. I passi da fare sono i seguenti:

- Posizionarsi nella pagina del primo capitolo;
- Selezionare Capitolo 1;
- Cliccare su Collegamenti→Segnalibro
- Impostare il segnalibro come in figura che segue:

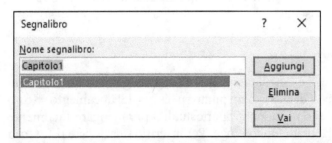

- Inserire il collegamento ipertestuale sempre dal menu **Collegamenti**;
- All'interno della finestra selezionare **Segnalibri**;
- Scegliere il segnalibro Capitolo1;
- Confermare l'inserimento;

Word inserirà il collegamento ipertestuale al cui clic riporterà l'utente al segnalibro impostato.

Figura 67 Inserimento di un collegamento ipertestuale collegato ad un segnalibro

2.8   Riferimenti Incrociati

I riferimenti incrociati sono collegamenti ipertestuali a posizioni specifiche nel documento come titoli, figure e tabelle.

L'inserimento avviene dallo stesso percorso visto per i segnalibri **Inserisci→Collegamenti→Riferimento incrociato**. Nella finestra di gestione bisogna semplicemente scegliere la tipologia di elemento da linkare (elemento numerato come il titolo di un paragrafo, figure, tabelle ecc.). Dopo la scelta, Word visualizza tutti gli elementi disponibili e l'utente deve selezionare quello desiderato e successivamente indicare, grazie al menu a tendina **Inserisci riferimento a,** cosa scrivere nel riferimento (si consiglia di riportare una parte del testo comunque rappresentativa tipo il testo del titolo, del segnalibro, il numero della figura).

Facendo clic su inserisci il segnalibro è creato.

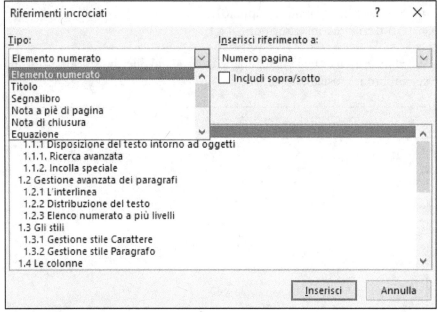

Figura 68 Riferimenti incrociati

Un esempio classico di riferimento incrociato può essere rilevato nel rinvio ad un paragrafo precedente rispetto al testo che si sta scrivendo. Spesso nei manuali troviamo la dizione cfr. par. X.X (dove cfr. sta per confronta dal latino confer) per riportare chi legge a informazioni contenute in un paragrafo dello stesso libro. Per creare un collegamento ipertestuale e permettere a chi legge di 'navigare' all'origine, si utilizza appunto un riferimento incrociato, impostato con tipo **Elemento numerato**.

Questi elementi possono essere usati, come visto in precedenza, anche nella gestione degli indici analitici.

TUTORIAL VIDEO 11 – Indici e Riferimenti

Capitolo 3 – Produttività

3.1   I campi e il loro uso

Vi siete mai chiesti come fare ad inserire in una lettera la data di compilazione? Oppure come mostrare automaticamente la dimensione del file? Per svolgere queste funzioni in Word si utilizzano le **Parti rapide** e i **Campi**. Come si può notare queste tipologie d'informazioni sono dinamiche in quanto soggette a variazione: la data di redazione di una lettera cambia giorno per giorno, la dimensione di un file si modifica a seguito di inserimenti o cancellazioni, così come il numero di pagine di un documento.

Di solito, i campi sono inseriti in aree specifiche del documento come le intestazioni. In effetti, come vedremo, la loro gestione è molto più semplice e intuitiva quando si attiva la visualizzazione dell'intestazione e del piè pagina. Questo non vuol significare che non possano essere inseriti all'interno del testo del documento.

L'inserimento può avvenire sostanzialmente in due modi:

- Per l'inserimento all'interno della pagina si utilizza il percorso **Inserisci→Testo→Esplora parti rapide**.

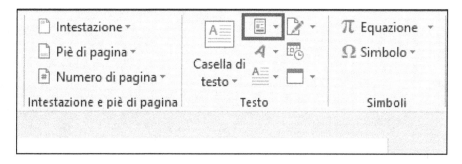

- Attivando la visualizzazione delle intestazioni, dal gruppo **Inserisci** della scheda contestuale **Progettazione**.

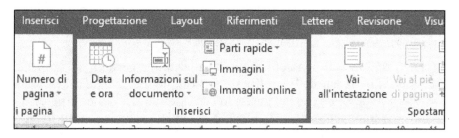

Come si osserva dalle due figure precedenti lo spazio visivo che Word 2019 mette a disposizione delle due modalità è notevolmente diverso. Questo rafforza l'idea che i campi siano prevalentemente, ma non solamente, pensati per essere inseriti nell'intestazione/piè pagina.

Possiamo individuare due grosse tipologie di parti rapide. In primo luogo le informazioni relative al documento cioè le sue **Proprietà** (autore, categoria, commenti ecc.).

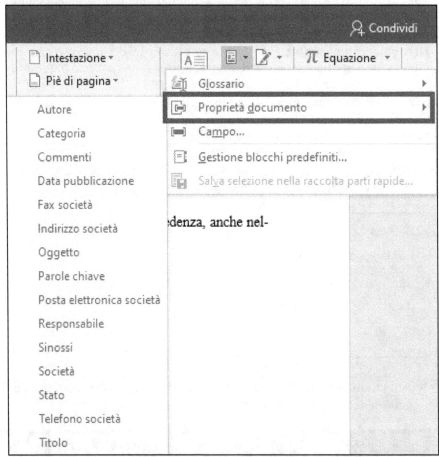

Figura 69 Inserimento delle Proprietà del documento dalla scheda inserisci

Questo tipo di informazioni sono visualizzabili e gestibili dal comando **Proprietà** della scheda **Visualizza**, e sono molto semplici da inserire essendo sufficiente un clic del mouse in corrispondenza del campo che si vuole aggiungere al documento. Nella scheda progettazione dell'intestazioni l'inserimento può avvenire anche utilizzando il pulsante **Informazioni sul documento**.

Il secondo gruppo di parti rapide è rappresentato dai veri e propri campi rappresentati da delle stringhe che, una volta inserite nel documento, possono essere aggiornate. Dopo aver selezionato **Campi** dal menu parti rapide si accede alla finestra di dialogo. Per la visualizzazione dei codici campo è possibile utilizzare la combinazione dei tasti ALT+F9 oppure il menu contestuale, mentre con CTRL+F9 si inserisce un campo vuoto.

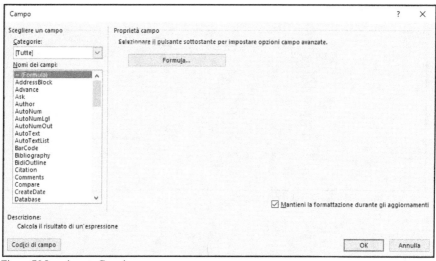

Figura 70 Inserimento Campi

Il numero di campi da poter inserire è numeroso tanto che in Word li suddivide in categorie: automazione del documento, collegamenti e riferimenti, data e ora, equazioni e formule, indici e sommario, informazioni documento, informazioni utente, numerazione e stampa unione. In pratica gran parte degli argomenti trattati in questo lavoro sono riconducibili a dei codici campo.

Per l'inserimento scegliere la categoria, scorrere la lista e selezionare quello desiderato. Ad ogni informazione segue una minima parametrizzazione a cura dell'utente.

I principali campi utilizzati per categorie sono:

- Data e ora: CreateDate (data di creazione); Date (data odierna); EditTime (Tempo totale di modifica del documento); PrintDate (ultima data di stampa); SaveDate (ultima data di salvataggio); Time (orario);
- Informazioni del documento: Author (autore); DocProperty (proprietario); FileName (nome del file); FileSize (dimensione del file); NumChars (numeri di caratteri); NumPages (numero di pagine); NumWords (numero di parole);

- Numerazione: BarCode (inserisce un testo in formato barcode); Section (numero della sezione); SectionPages (numero di pagine della sezione);

Di seguito alcuni esempi di parametrizzazione.

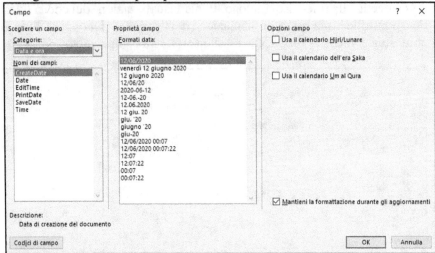

Figura 71 Inserimento campo data di creazione

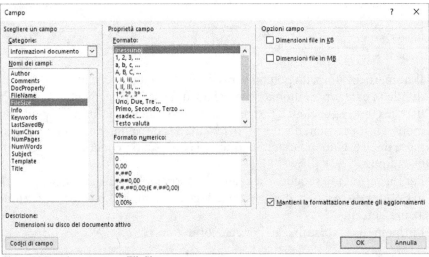

Figura 72 Inserimento campo FileSize

Un campo può essere aggiornato tramite il menu contestuale scegliendo il relativo comando. Per evitare modifiche accidentali o la cancellazione è necessario procedere al blocco del campo tramite la combinazione dei tasti **Ctrl+F11**, mentre per sbloccarlo utilizzare la combinazione **Ctrl+Maiusc+F11**.

TUTORIAL VIDEO 12 - I campi

3.2 Gestione avanzata dei numeri di pagina

Il lettore sarà sicuramente al corrente che l'inserimento dei numeri di pagina avviene dalla scheda contestuale **Progettazione** dell'intestazione/piè pagina, utilizzando il relativo menu. Si può scegliere la posizione dove inserirli e utilizzare le parametrizzazioni proposte dall'applicativo che risultano sempre semplici da applicare ed efficaci.

Può capitare, però, che si abbia la necessità di effettuare delle ulteriori parametrizzazioni per esigenze particolari, ad esempio nel caso in cui si voglia utilizzare un formato di pagina differente tra alcune parti del documento oppure quando non si voglia inserire la numerazione sulla prima pagina.

Per gestire questi casi il suggerimento è quello di utilizzare sezioni diverse poiché i numeri di pagina sono parametrizzabili per ogni sezione. Nel primo caso (differente parametrizzazione tra introduzione e documento) i passi da seguire sono:

- Creare diverse sezioni tra le due parti del file (**Layout→Interruzione→Interruzione di sezione**);
- Inserire i numeri di pagina per la prima sezione (nel caso di specie l'introduzione) e impostarli solo per quella sezione come mostrato nella figura successiva (ipotesi di numerazione romana);

- Inserire la numerazione per la seconda sezione stando attenti a scegliere l'opzione **Comincia da 1** e non **Continua dalla sezione precedente**.

Quest'ultima opzione, infatti, comporterebbe la continuazione della numerazione dalla sezione precedente ed è proprio questo che si vuole evitare.
Word inserirà la numerazione romana per le pagine della prima sezione
(introduzione) e inizierà una nuova numerazione a con numeri arabi nella
seconda sezione. Similmente si può agire nella seconda ipotesi fatta precedentemente (assenza di numerazione nella prima pagina perché rappresenta
il frontespizio). In alternativa si potrebbe inserire e parametrizzare una pagina di Frontespizio (**Inserisci→Pagine→Frontespizio**).

TUTORIAL VIDEO 13 – I numeri di pagina

3.3   Inserimento di campi in tabelle

Nella gestione delle tabelle potrebbe essere necessario far svolgere
all'applicativo alcuni semplici calcoli, ad esempio una somma o una media. Word permette queste funzioni ma sia ben chiaro che l'effetto non può
essere paragonabile a quello che si avrebbe se si utilizzasse Excel.
Ipotizzando di avere a disposizione la seguente tabella.

Regione	Popolazione	Superficie	Densità
Abruzzo	1.311.580	10.831,84	121
Basilicata	562.869	10.073,32	56
Calabria	1.947.131	15.221,90	128
Campania	5.801.692	13.670,95	424
Emilia-Romagna	4.459.477	22.452,78	199
Friuli Venezia Giulia	1.215.220	7.924,36	153
Lazio	5.879.082	17.232,29	341
Liguria	1.550.640	5.416,21	286
Lombardia	10.060.574	23.863,65	422
Marche	1.525.271	9.401,38	162
Molise	305.617	4.460,65	69
Piemonte	4.356.406	25.387,07	172
Puglia	4.029.053	19.540,90	206
Sardegna	1.639.591	24.100,02	68
Sicilia	4.999.891	25.832,39	194
Toscana	3.729.641	22.987,04	162
Trentino-Alto Adige	1.072.276	13.605,50	79
Umbria	882.015	8.464,33	104
Valle d'Aosta	125.666	3.260,90	39
Veneto	4.905.854	18.345,35	267

Volendo effettuare una somma della colonna popolazione posizioniamoci con il cursore nella cella in cui inserire una formula e lanciamo la funzione dalla scheda contestuale **Layout→Dati→Formula**. Nel campo Formula

scrivere =SUM(ABOVE) per indicare al software di sommare i numeri al di sopra della cella. Con =SUM (LEFT) si sommerebbero i numeri a sinistra, con =SUM(RIGHT) quelli a destra. Successivamente scegliere il tipo di formato da applicare al risultato della formula e confermare l'inserimento. Word calcolerà la somma e la inserirà nella cella selezionata. Il risultato è il seguente.

Regione	Popolazione	Superficie	Densità
Abruzzo	1.311.580	10.831,84	121
Basilicata	562.869	10.073,32	56
Calabria	1.947.131	15.221,90	128
Campania	5.801.692	13.670,95	424
Emilia-Romagna	4.459.477	22.452,78	199
Friuli Venezia Giulia	1.215.220	7.924,36	153
Lazio	5.879.082	17.232,29	341
Liguria	1.550.640	5.416,21	286
Lombardia	10.060.574	23.863,65	422
Marche	1.525.271	9.401,38	162
Molise	305.617	4.460,65	69
Piemonte	4.356.406	25.387,07	172
Puglia	4.029.053	19.540,90	206
Sardegna	1.639.591	24.100,02	68
Sicilia	4.999.891	25.832,39	194
Toscana	3.729.641	22.987,04	162
Trentino-Alto Adige	1.072.276	13.605,50	79
Umbria	882.015	8.464,33	104
Valle d'Aosta	125.666	3.260,90	39
Veneto	4.905.854	18.345,35	267
	60.359.546		

Alcune formule utilizzabili sono:

- Media: utilizzando il termine AVERAGE seguito da ABOVE, LEFT, RIGHT (es. =AVERAGE(ABOVE));
- Conteggio: con il termine COUNT sempre seguito da ABOVE, LEFT, RIGHT (es. =COUNT(ABOVE));
- Massimo: utilizzando il termine MAX seguito da ABOVE, LEFT, RIGHT (es. =MAX(ABOVE));
- Minimo: utilizzando il termine MIN seguito da ABOVE, LEFT, RIGHT (es. =MAX(ABOVE));

Sono permesse anche funzioni aritmetiche tra singole righe o colonne tipo *, /, +, -, utilizzando la tabella come un foglio Excel. A tale scopo bisogna etichettare mentalmente la prima colonna con A, la seconda con B ecc., e la prima riga con 1, la seconda con 2 ecc., proprio come avviene in un foglio. Posizionandosi in una cella e richiamando le formule bisogna scrivere ad esempio A2/B2 per dividere la seconda cella della prima colonna con la seconda cella della seconda colonna.
Essendo la formula un campo è aggiornabile e modificabile utilizzando il menu contestuale.

TUTORIAL VIDEO 14 – Campi e tabelle

3.4 I moduli

Un modulo è un documento word salvato in formato dotx (modello) contenente un insieme di campi che altri utenti possono compilare. Questo tipo di file è utilizzato in caso di sondaggi o compilazioni di format vari.
Prima di procedere alla redazione di un modulo è necessario controllare se nella barra multifunzione è attiva la scheda **Sviluppo**. In caso contrario bisogna abilitarla dal percorso **File→Opzioni→Parametrizzazione scheda multifunzione**, flaggando la relativa casella e confermando la scelta (figura 74). La scheda in questione contiene un insieme di gruppi e comandi che consentono l'inserimento dei campi da compilare, definiti **Controlli**.

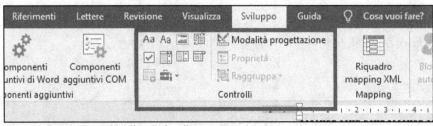

Figura 73 Gruppo Controlli della scheda sviluppo

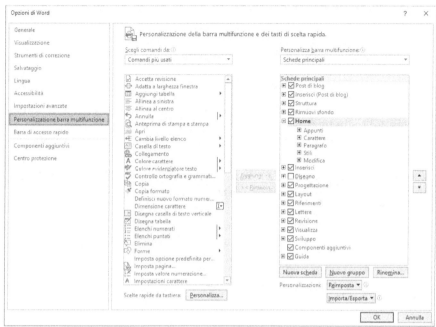

Figura 74 Abilitazione scheda Sviluppo

Esistono vari tipi di controlli che il software mette a disposizione dell'utente. Oltre a quelli visibili nel gruppo sono disponibili i **moduli legacy**, utilizzati nelle versioni precedenti di Word ed ancora attivi, e i **controlli ActiveX** per il cui uso sono indispensabili competenze di programmazione che esulano dagli obiettivi della presente guida.

L'iter da seguire per formattare un foglio word come un modulo sono:

- Creare un nuovo documento vuoto o un modello esistente;
- Inserire i controlli;
- Proteggere il documento;
- Salvare il lavoro utilizzando il formato modello di word (.dotx).

L'utente a cui il modulo è indirizzato, alla sua apertura, potrà agire solo sui controlli inseriti per compilarli e non potrà modificare altri elementi. Al fine di produrre un risultato soddisfacente, anche dal punto di vista estetico, si suggerisce di formattare il testo utilizzando tabulazioni o tabelle. L'obiettivo è allinearlo in modo da evitare che venga spostato con effetti antiestetici evidenti.

Compiliamo un semplice modulo di esempio in cui si chiede all'intervistato di inserire alcune sue generalità e un giudizio sintetico su un ipotetico prodotto acquistato. Come primo passo inseriamo il testo senza controlli distanziandolo ed allineandolo utilizzando le tabulazioni.

Nome e cognome   nato a
Il   residente a
prodotto acquistato
grado di soddisfazione (5 molto soddisfacente, 4 soddisfacente, 3 buono, 2 mediocre, 1 insoddisfacente)

Inseriamo adesso i controlli. Ne utilizzeremo nell'esempio 3 tipi **Controllo contenuto testo normale** (per i primi quattro campi), **Controllo contenuto di tipo casella di controllo** e **controllo contenuto casella combinata**.
Con il **Controllo contenuto testo normale** si chiede la compilazione di un testo nel campo così come avviene per il **contenuto RTF** con la differenza che nel secondo caso si possono inserire paragrafi.
Prima di inserire i controlli selezionare la **modalità sviluppatore** dallo stesso gruppo di comandi, e cliccare sul relativo simbolo. Nel caso del controllo testo normale appare la stringa di inserimento come mostrato in figura.

Nome e cognome ⬚ [Fare clic o toccare qui per immettere il testo.] ⬚   nato a ⬚ [Fare clic o toccare qui.] ⬚

Il ⬚ [Fare clic o toccare qui pe.] ⬚   residente a ⬚ [Fare clic o toccare qui per immettere il testo.] ⬚

prodotto acquistato
grado di soddisfazione (5 molto soddisfacente, 4 soddisfacente, 3 buono, 2 mediocre, 1 insoddisfacente)

All'interno delle stringe è possibile inserire un testo guida per aiutare la compilazione. Nel nostro esempio potremmo inserire 'inserire nome e cognome' nel primo controllo 'luogo di nascita' nel secondo e così via.
Ogni controllo ha delle proprietà visibili cliccando sull'apposito comando nella barra multifunzione o nel menu contestuale.
Come mostrato nella figura che segue le opzioni attivabili dalla finestra proprietà del contenuto testo normale riguardano:

- Il titolo;
- Il tag;
- Il colore;
- Lo stile;
- La modalità di visione;
- La rimozione del contenuto in caso di inserimento;
- Inibire la cancellazione del controllo (si consiglia sempre di attivarlo);
- Inibire la modifica del contenuto.

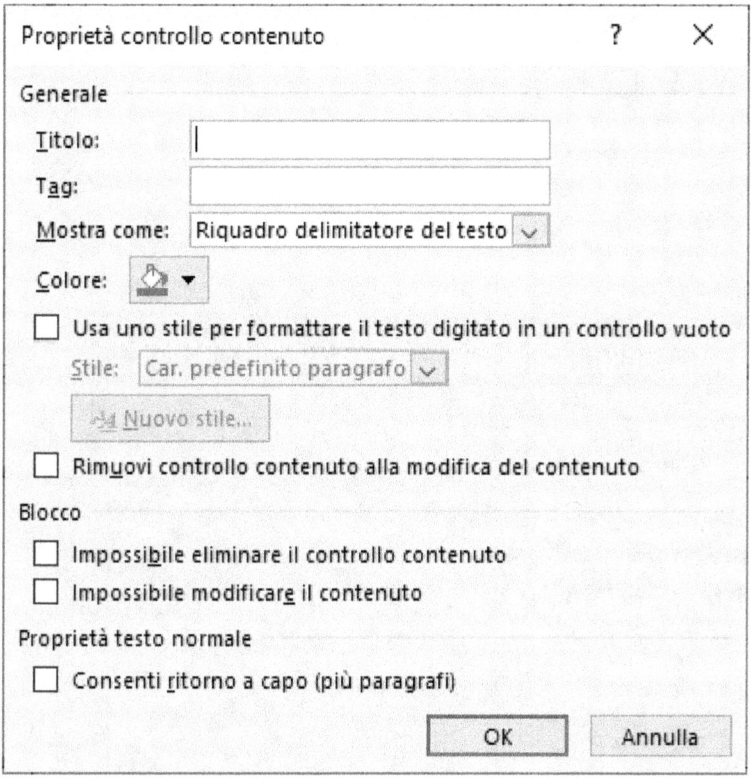

| Proprietà controllo contenuto | ? | X |

Generale

Titolo: [   ]

Tag: [   ]

Mostra come: [Riquadro delimitatore del testo ∨]

Colore: [🖌 ▼]

☐ Usa uno stile per formattare il testo digitato in un controllo vuoto

Stile: [Car. predefinito paragrafo ∨]

[📝 Nuovo stile...]

☐ Rimuovi controllo contenuto alla modifica del contenuto

Blocco

☐ Impossibile eliminare il controllo contenuto

☐ Impossibile modificare il contenuto

Proprietà testo normale

☐ Consenti ritorno a capo (più paragrafi)

[OK]   [Annulla]

Figura 75 Proprietà controllo contenuto testo normale

Continuando nel nostro esempio alla terza riga inseriamo dei controlli **casella di testo**. Si ipotizza che i prodotti acquistabili siano tre (Alfa, Beta e Gamma) e si chiede di scegliere quello effettivamente acquistato tramite segnatura della relativa casella.
Il risultato è il seguente.

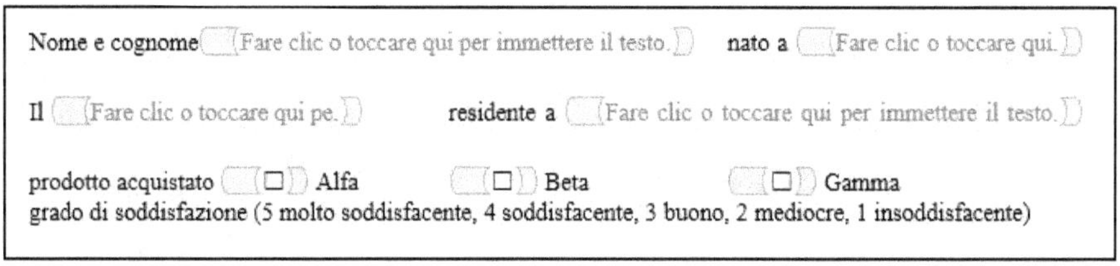

Nome e cognome [Fare clic o toccare qui per immettere il testo.]   nato a [Fare clic o toccare qui.]

Il [Fare clic o toccare qui pe.]   residente a [Fare clic o toccare qui per immettere il testo.]

prodotto acquistato [☐] Alfa   [☐] Beta   [☐] Gamma
grado di soddisfazione (5 molto soddisfacente, 4 soddisfacente, 3 buono, 2 mediocre, 1 insoddisfacente)

I termini Alfa Beta e Gamma sono inseriti normalmente dopo il controllo.

Proprietà controllo contenuto   ?   ✕

Generale

Titolo: [   ]

Tag: [   ]

Mostra come: [Riquadro delimitatore del testo ⌄]

Colore: [🎨 ▼]

☐ Usa uno stile per formattare il testo digitato in un controllo vuoto

Stile: [Car. predefinito paragrafo ⌄]

[⁎4 Nuovo stile...]

☐ Rimuovi controllo contenuto alla modifica del contenuto

Blocco

☐ Impossibile eliminare il controllo contenuto
☐ Impossibile modificare il contenuto

Proprietà casella di controllo

Simbolo di selezionato: [⊠] [Cambia...]

Simbolo di non selezionato: [☐] [Cambia...]

[OK]   [Annulla]

Figura 76 Proprietà controllo casella di testo

Le proprietà della casella di testo sono molto simili a quanto visto per il testo normale con l'aggiunta delle ultime due opzioni che permettono di scegliere il simbolo in caso di casella selezionata e non selezionata.

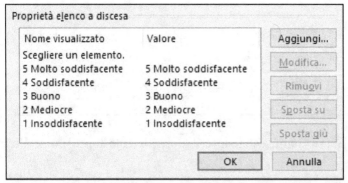

Nell'ultima riga del nostro modulo inseriamo una casella combinata che consiste nella classica tendina con opzione di scelta. Le alternative da inserire nella casella devono essere impostate nelle proprietà del controllo (le altre opzioni sono identiche a quelle viste sopra).

Il modulo completato si mostra come in figura.

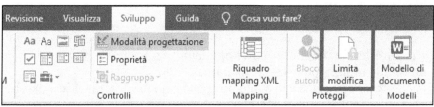

Il passo successivo è proteggere il documento. A tal fine sempre nella sceda **Sviluppo** selezionare il comando **Limita modifiche** dal gruppo **Proteggi.**

Figura 77 Limita modifica

Dal riquadro di attività che appare alla destra del foglio selezionare le impostazioni come da figura successiva.

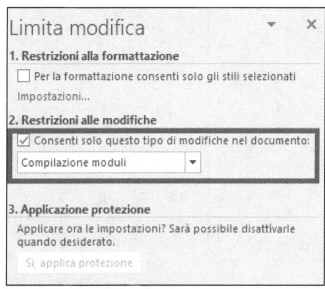

Figura 78 Impostazioni limita modifica

Come attività permessa bisogna indicare solo la compilazione dei moduli e poi applicare le restrizioni. Ultimo passo da fare è il salvataggio del file in formato dotx.

Nell'immagine successiva viene mostrata la visualizzazione del modulo all'atto della sua compilazione.

Nome e cognome Raffaele Esposito   nato a Salerno
Il 01/06/1975   residente a Salerno
prodotto acquistato ⊠ Alfa   □ Beta   □ Gamma
grado di soddisfazione (5 molto soddisfacente, 4 soddisfacente, 3 buono, 2 mediocre, 1 insoddisfacente)

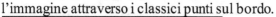

Scegliere un elemento.
Scegliere un elemento.
5 Molto soddisfacente
4 Soddisfacente
3 Buono
2 Mediocre
1 Insoddisfacente

Ci sono altri due controlli che è importante esaminare. Il riferimento è al **controllo immagine** e **Seleziona data**.

Il controllo immagine è di solito utilizzato per i modelli ma il suo uso ben può estendersi ai moduli. Se il lettore ha mai compilato alcuni format di curriculum europeo si è sicuramente trovato di fronte ad un campo dove inserire la propria foto, quello è il classico esempio di controllo immagine. L'inserimento mostra un riquadro in cui aggiungere un'immagine. Lo spazio dedicato nel foglio può essere modificato allargando e restringendo l'immagine attraverso i classici punti sul bordo.

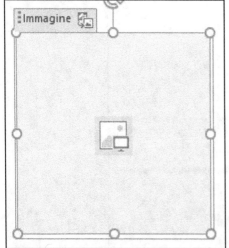

L'utente chiamato a compilare il modulo al clic sul quadrato si troverà di fronte alla richiesta di inserire una immagine.

Figura 79 Inserimento immagine da modulo

Il controllo **Seleziona data**, invece, permette l'inserimento di un campo data tramite l'uso di un calendario.

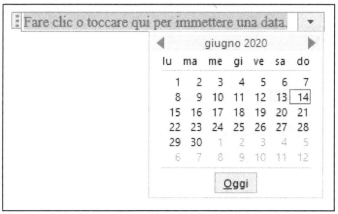

Figura 80 Controllo selezione data

3.5 I modelli

Un documento word può essere salvato come un modello in modo da poterlo utilizzare come punto di partenza per altri file ogni volta che se ne senta la necessità, senza l'onere di ricrearlo da zero. Ogni utente ha a disposizione dei modelli già predisposti dal software e, in alternativa, ha anche la facoltà di creane altri personalizzati.

L'apertura di un modello avviene dal solito percorso **File→Nuovo**. Dalla relativa finestra scegliere se lanciare un modello Office già impostato o uno personale, creato e salvato dallo stesso utente, e infine cliccare su **Crea**.

Per ampliare la scelta Word permette la ricerca di ulteriori format on line tramite una semplice casella in cui inserire un testo chiave.

Figura 81 Apertura di un modello

Figura 82 Creazione di un documento da modello

Molto utilizzati sono, ad esempio, i modelli relativi ai curriculum vitae oppure alle copertine di fax, ma le opportunità a disposizione sono innumerevoli.

Avviato un format, preimpostato o personale che sia, ogni utente ha facoltà di gestirlo e personalizzarlo come un ordinario file docx. Nel caso in cui si voglia modificare proprio il format è importante salvarlo sempre con estensione .dotx, così da farlo ricomprendere nella galleria del software, in modelli personali, e averlo sempre a disposizione come base per ulteriori file.

TUTORIAL VIDEO 15 – I moduli e i modelli

3.6   La stampa unione

Si immagini di avere un elenco di persone a cui inviare la stessa comunicazione con la necessità, ovviamente, di modificare i dati personali (nome e cognome, indirizzo ecc.). Farlo manualmente costerebbe molto tempo e fatica, soprattutto in presenza di un numero molto alto di invii. La soluzione presente in word per ovviare a questa necessità è la **Stampa unione**.

Attraverso questa funzione e partendo da un documento standard con campi ad hoc inseriti, il software crea tanti stampati quanti sono i soggetti presenti nell'elenco con dati personali opportunamente inseriti.

La gestione avviene dalla scheda **Lettere** in cui sono presenti tutti i comandi necessari sia per creare autonomamente una stampa unione sia per avvalersi della creazione guidata.

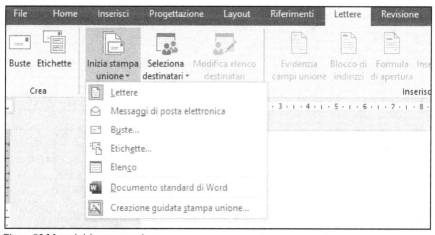

Figura 83 Menu inizia stampa unione

Le fasi da svolgere sono sei:
1.   Selezione del tipo di documento da inviare. Si può scegliere tra lettere, messaggi di posta elettronica, buste, etichette ed elenco;

2. Selezionare il documento di partenza cioè il testo standard da inviare a tutti i soggetti e i cui dovranno essere inseriti i campi personalizzabili. Questo documento può essere un modello word, oppure un semplice file docx personale già salvato e, infine, lo stesso documento che si sta redigendo.
3. Selezionare i destinatari. L'elenco può essere presente in un file già esistente, ad esempio un foglio Excel, oppure si può crearlo utilizzando una tabella interna a Word e personalizzabile. È possibile, infine, utilizzare anche una lista di contatti di Outlook.
4. Inserimento dei campi unione cioè dei campi che saranno personalizzati in base alle informazioni presenti nell'origine dei dati;
5. Anteprima delle lettere;
6. Unione del file base con l'elenco direttamente su una stampante o in un documento word.

Se per i primi due passaggi non ci sono grosse difficoltà, per i restanti è necessario, a parere di chi scrive, un maggior approfondimento. A tale scopo ipotizziamo di inviare una lettera ad un elenco di persone in cui si comunica l'esito (ammesso/non ammesso) di un esame. Dovremmo quindi impostare la nostra stampa unione con i campi degli indirizzi e dell'esito. Un esempio di lettera base potrebbe essere il seguente.

```
                                            Al Sig.

                                            Indirizzo


Oggetto: comunicazione esito esame del 20/06/2020


Si comunica che l'esito dell'esame sostenuto in data 20/06/2020 è


Distinti saluti
```

Per i primi due passi, abbiamo scelto Lettere come tipo di documento da inviare e il documento che stiamo scrivendo come quello di partenza.

3.6.1 Selezione dei destinatari

Due sono le modalità principali per create una lista di distribuzione. Il primo più semplice da gestire è utilizzare un database esterno tipo Excel o Access. Ovviamente è necessario che la lista abbia tutte le informazioni da inserire nella stampa unione. Nel nostro caso devono essere presenti: nome e cognome, indirizzo completo (via, città e cap.) ed esito dell'esame. In

Excel la lista, composta per esempio da tre persone, potrebbe essere impostata come in figura 84. Il foglio va salvato e denominato a piacere.

Preparato il file bisogna indicarlo come origine dei dati della stampa unione e questo passo è da svolgere sia nella composizione manuale sia nella procedura guidata.

	A	B	C	D	E
1	Nominativo	Indirizzo	Città	Cap	Esito
2	Aldo Rossi	Via del Corso	Roma	00118	Ammesso
3	Monica Bianchi	Corso Vittorio	Napoli	80100	Ammessa
4	Elisa Verdi	Via Roma	Milano	20121	Non ammessa

Figura 84 Lista di esempio in Excel

Utilizzando la procedura manuale ci si posiziona nella scheda **Lettere** e poi nel gruppo **Inizia stampa unione**, si fa clic su **Seleziona destinatari** e si sceglie **Usa elenco esistente**. Aperta la solita finestra sfoglia bisogna ricercare e selezionare il file precedentemente salvato. Appare la seguente finestra.

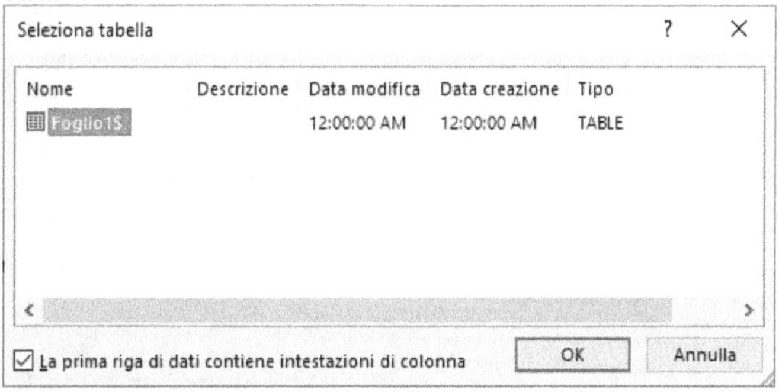

Figura 85 Seleziona tabella

Selezionare il foglio in cui è presente la lista e confermare.

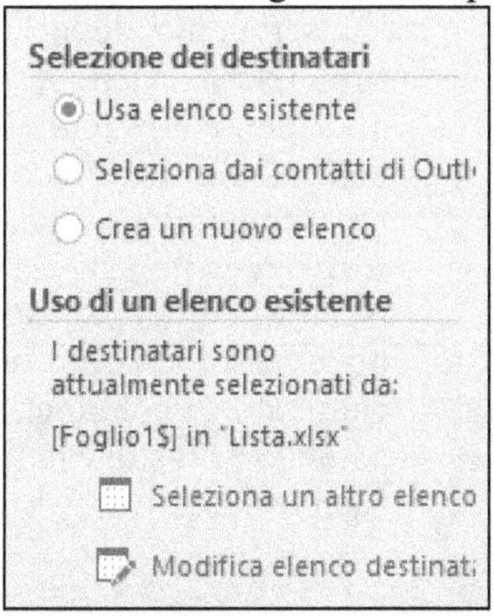

Se si avvia la procedura guidata, l'individuazione dell'origine dei dati avviene al terzo passaggio. Anche in questo caso si spunta **Usa elenco esistente** e si seleziona il file tramite finestra di browsing. Quanto sopra è valido se si sceglie di utilizzare un'origine esterna. In alternativa l'utente può creare una lista direttamente in word, anche se questa procedura è un po' più macchinosa nel caso di elenchi molto lunghi.

È sufficiente scegliere **Crea un nuovo elenco** o dalla scheda **Lettere**, in caso di procedura manuale, oppure dal terzo passaggio della procedura guidata. La finestra che appare è la medesima.

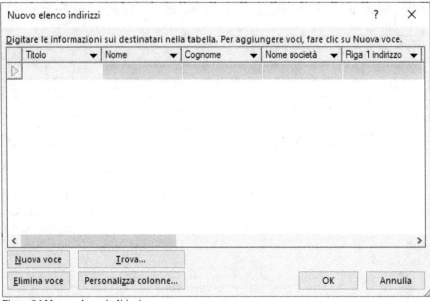

Figura 86 Nuovo elenco indirizzi

Word propone un elenco con delle intestazioni già preimpostate, possono essere usate tutte o meno in dipendenza delle proprie necessità, come è possibile crearne alcune ed eliminarle altre utilizzando il tasto **Personalizza colonne** e gestendo la relativa maschera.

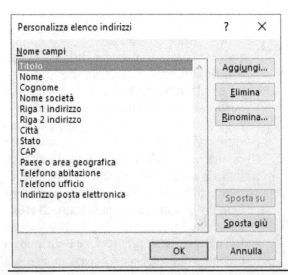

Da notare l'opzione **Rinomina** per rinominare le intestazioni proposte. L'inserimento delle informazioni avviene semplicemente scrivendole nella tabella e salvando il tutto come proposto dal software in formato mdb. Nel nostro esempio, dopo aver modificato ed eliminato le colonne, il risultato è mostrato nella figura successiva.

Figura 87 Inserimento dati in origine

I dati inseriti possono sempre essere integrati con l'aggiunta di nuove righe (**Nuova voce**), aggiornati gestendo le celle o eliminati (**Elimina voce**).

Il richiamo dell'origine dei dati avviene dal comando **Modifica elenco destinatari** che apre la finestra relativa da cui poter filtrare e ordinare i dati.

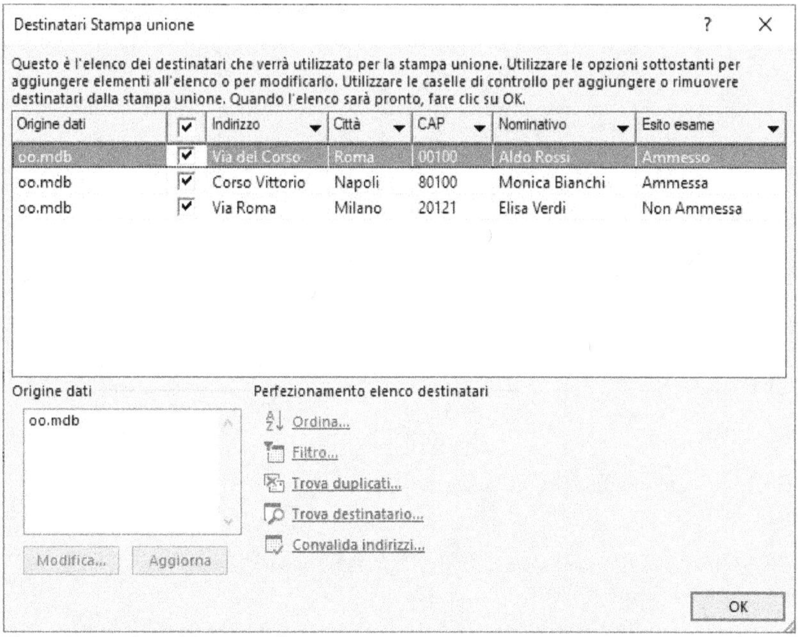

Figura 88 Destinatari Stampa unione

Da notare come, attraverso la casella posta nella seconda colonna, si abbia la possibilità di escludere uno o più record dalla stampa unione.

3.6.2 Inserimento campo unione

Una volta impostata l'origine dei dati secondo le necessità, l'utente deve provvedere all'inserimento dei campi unione nella stampa. Tale funzione può avvenire o dal comando **Inserisci campo unione** o dalla quarta fase della procedura guidata e attraverso la scelta dei campi in corrispondenza del testo.

Figura 89 Inserimento campo unione

Nel nostro esempio l'effetto è il seguente.

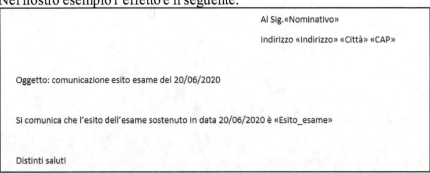

3.6.3   Ultimazione stampa unione

Alla fine della procedura bisogna unire i dati presenti nell'origine con la lettera correttamente impostata.

L'unione può avvenire sulla stampante, stampando cioè direttamente le lettere, oppure in un documento word che può essere successivamente salvato e modificato. La scelta è effettuata dal menu **Finalizza e unisci**, oppure nell'ultima fase della creazione guidata.

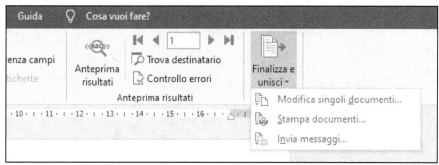

Figura 90 Finalizza e unisci

Di seguito il risultato finale dell'esempio portato avanti in questo paragrafo. Un documento composto da tre pagine una per riga dell'elenco, con i dati relativi ad ogni soggetto.

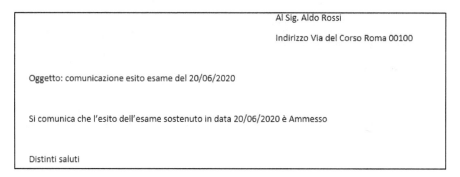

3.6.4   Uso delle regole nella stampa unione

Quando si finalizza una stampa unione l'utente ha la possibilità di definire alcune regole che permettono di personalizzare ulteriormente la procedura. Si utilizza a tale scopo il comando **Regole** del gruppo **Inserisci campi**.

Le opzioni sono numerose e non sempre di facile fruizione. Analizziamo quelle più significative ed utilizzate.

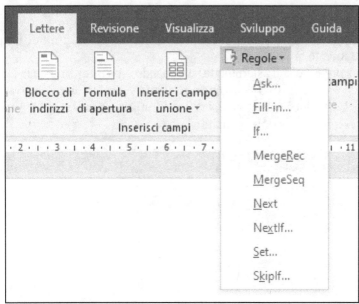

Figura 91 Impostazione regole della stampa unione

La prima regola è quella dell'**ASK** grazie alla quale impostiamo la stampa unione in modo tale che, all'atto della creazione dei documenti finali, Word ci chieda cosa inserire in un determinato campo, così da renderlo personalizzabile e poter riutilizzare il modello più volte. Ritornando al nostro semplice esempio la regola Ask potrebbe essere utilizzata per inserire una data diversa di esame senza necessità di fare più stampe unioni. Partiamo dal seguente testo.

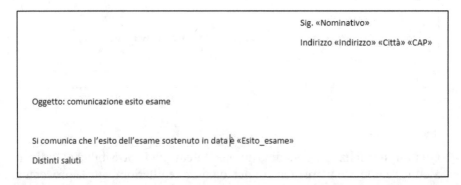

Si notano alcune rettifiche per tener conto dell'inserimento della regola. Posizioniamoci nel testo dove si vuole inserire il campo ASK, ad esempio successivamente alla parola 'data' dove è inserito il cursore nella figura.

Nella scheda **Lettere** selezioniamo **Regole→ASK** e compiliamo la relativa maschera.

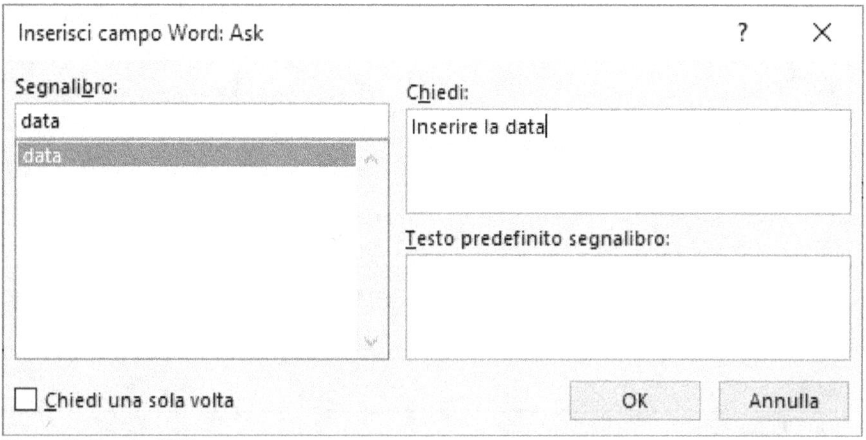

Figura 92 Regola ASK

Inserire il nome del segnalibro, la domanda che il software ci dovrà rivolgere nel campo **Chiedi**, l'eventuale testo di default se non si inserisce alcuna risposta e infine il flag su **Chiedi una sola volta**. In pratica si fissa una regola tramite un segnalibro in base alla quale all'avvio della stampa unione Word aprirà una finestra con l'indicazione **Inserire la data** e il campo per l'inserimento. Se non si indica nessun valore è inserito quello presente in testo predefinito. Il flag finale permette di non ripetere la domanda per tutte le righe dell'elenco quindi, nel caso la data sia sempre la stessa per tutti i record, è opportuno tenere flaggata la casella.

Dopo la creazione del segnalibro 'data' (evitare di chiamare il segnalibro come una colonna dell'origine dei dati perché può creare dei malfunzionamenti), è necessario inserirlo nella posizione voluta utilizzando la già vista funzione **inserisci→parti rapide→campo** e utilizzando il campo **REF** (figura 93) che identifica. appunto, i segnalibri. All'avvio della stampa unione è mostrata la seguente maschera.

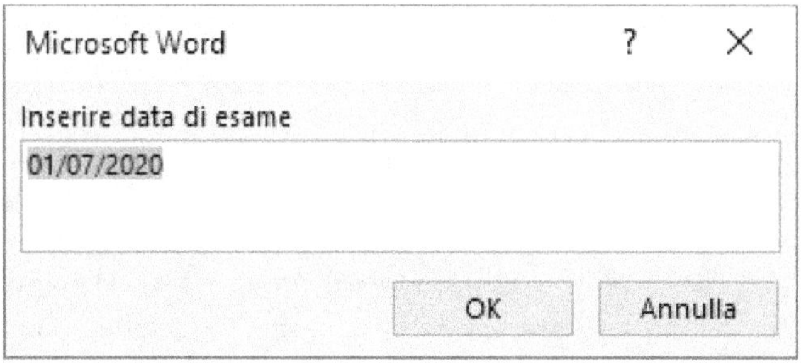

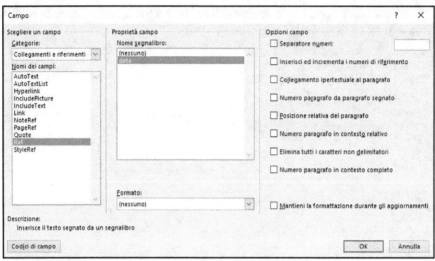

Figura 93 Inserimento campo REF

Ecco il risultato dell'inserimento del campo REF nel caso s'inserisca la data 01/07/2020.

> Sig. Aldo Rossi
>
> Indirizzo Via del Corso Roma 00100
>
>
>
> Oggetto: comunicazione esito esame
>
>
> Si comunica che l'esito dell'esame sostenuto in data 01/07/2020 è Ammesso
>
> Distinti saluti

La regola **FILL-IN** è molto simile a ASK con la differenza che non utilizzando segnalibri l'inserimento del testo o della frase può essere fatta in un'unica posizione. La maschera di inserimento precede due campi **Chiedi** per inserire la richiesta e **Testo predefinito**.
All'unione della stampa Word mostrerà al domanda con la casella per l'inserimento della risposta.

Inserisci campo Word: Fill-in

Chiedi:

Testo predefinito campo:

☑ Chiedi una sola volta   OK   Annulla

Con la regola **IF** si impone di inserire nella stampa unione un testo al verificarsi di una determinata condizione. Ad esempio se volessimo concludere la lettera di ammissione/non ammissione all'esame con 'congratulazioni' in caso l'esito sia 'Superato' o 'Può riprovare l'esame la prossima sessione' nel caso opposto (esito uguale 'Non superato'), dovremmo impostare la regola IF come da finestra che segue, dopo aver opportunamente modificato l'origine dei dati.

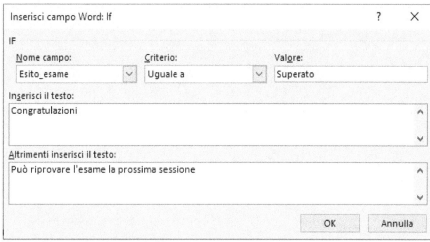

Figura 94 Parametrizzazione regola IF

L'effetto in caso di esito 'Non superato' può essere così mostrato.

MergRec assegna ad ogni lettera un numero progressivo che viene stampato nella posizione desiderata. È molto utile ad esempio quando si stampa una lista d'attesa e si vuole far sapere ad ogni destinatario la propria posizione nella lista. **MergSec** svolge la stessa funzione ma il numero progressivo è impostato solo per i documenti realmente finalizzati. L'utente sa che la finalizzazione (finalizza e unisci) può essere fatta per tutti i record o solo per alcuni. **MergSec** numera solo le lettere effettivamente stampate.

La regola **Next** serve nel caso si stampino delle etichette e comunica a Word di unire i record senza passare alla pagina successiva.

Con **Next-if** il salto pagina avviene al soddisfacimento di una determinata condizione.

SET impone il valore di un determinato campo ad esempio la data di redazione della lettera.

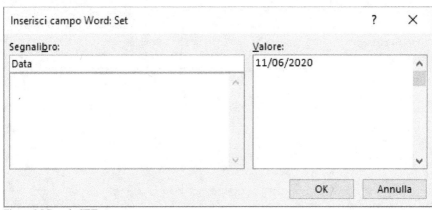

Figura 95 Regola SET

Come per ASK anche SET utilizza un segnalibro che deve essere inserito nel documento. La differenza principale risiede nel fatto che SET utilizza un valore fisso senza possibilità di modificarlo tramite casella di domanda.

L'ultima regola è **Skip-if** grazie alla quale si impone a Word di non stampare i record in presenza di una determinata condizione. Se ad esempio volessimo escludere dalla nostra stampa chi non ha superato l'esame imposteremo la regola in questo modo.

Si ricorda che per la visualizzazione dei codici campo è possibile utilizzare la combinazione dei tasti ALT+F9 oppure il menu contestuale, mentre con CTRL+F9 si inserisce un campo vuoto.

TUTORIAL VIDEO 16 – La stampa unione

3.7 Collegare e incorporare oggetti

Esiste una sottile differenza tra collegare e incorporare oggetti. Il collegamento produce un link tra il file Word e l'oggetto collegato, ad esempio un foglio Excel o un grafico, e qualsiasi modifica deve essere fatta utilizzando il software e il file di origine che, di conseguenza, deve rimanere sullo stesso computer, altrimenti il collegamento si interrompe e i dati non possono essere aggiornati. Incorporare un oggetto, invece, significa farlo diventare parte del file Word e, di conseguenza, le modifiche sono effettuabili tramite il word processor e il file di origine può anche essere eliminato.

Per comprendere meglio utilizziamo un foglio Excel in cui abbiamo inserito la tabella della popolazione italiana distinta per regione corredata da un semplice grafico a barre.

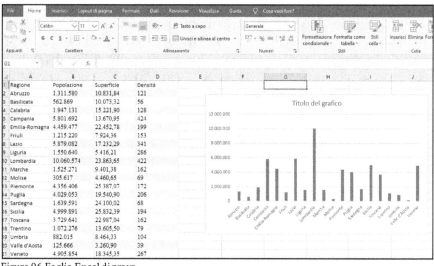

Figura 96 Foglio Excel di prova

Volendo inserire la tabella in un documento word si può procedere in due modi, collegarla o incorporarla. Il primo passo è quello di provvedere a selezionarla e a copiarla dal foglio Excel. Nel documento Word, poi, selezionare **Incolla speciale** dalla scheda **Home**. Nella relativa finestra scegliere semplicemente **Incolla** per incorporare o **Incolla collegamento** per collegare. A prima vista le due attività producono lo stesso effetto, la tabella è

incollata nel documento. La differenza si noterà allorquando l'utente deci-
da di modificare l'oggetto.

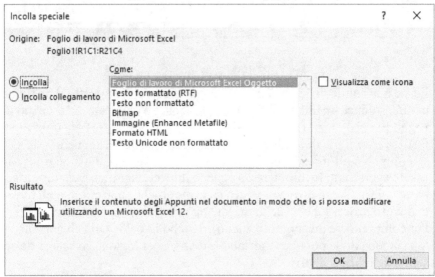

Figura 97 Incolla speciale

Nella figura che segue è mostrata la modalità di modifica della tabella in
caso di incorporamento. Si può notare che, pur essendo la tabella incorporata da un foglio Excel, la modifica avviene sempre in Word e non dal
software di origine. I soliti menu del word processor sono solo momenta-
neamente sostituiti da quelli presenti nel foglio di calcolo.

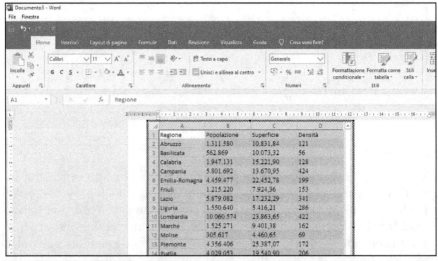

Figura 98 Modifica tabella incorporata

Nel caso di collegamento, invece, la modifica non avviene in Word ma viene sempre lanciato il software di origine dell'oggetto, in questo caso Excel.

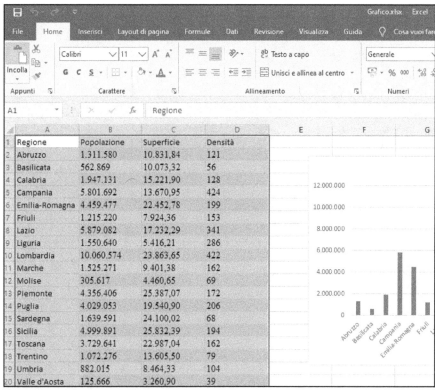

Figura 99 Modifica oggetto collegato

Si può notare che per effettuare le modifiche è stato aperto il file originale Grafico.xlsx e le stesse possono essere fatte solo tramite Excel e non direttamente in Word. Viene di conseguenza che se il file originario venisse cancellato o rinominato, le modifiche non sarebbero più possibili. Si precisa che la cancellazione del file collegato non implica l'eliminazione dell'oggetto dal documento ma solo la sua immodificabilità. Tale evenienza è segnalata da Word con il seguente messaggio di errore che appare

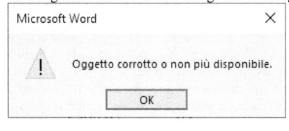

all'utente in caso di tentativo di modifica. Anche il menu contestuale relativo ha dei comandi diversi in dipendenza del tipo di legame (figura 100 e 101).

Figura 100 Menu contestuale in caso di incorporamento

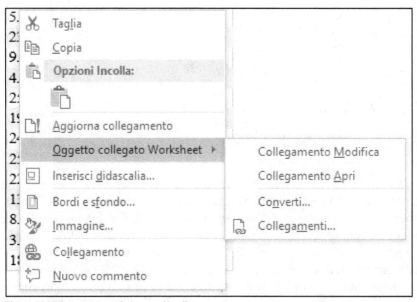

Figura 101 Menu contestuale in caso di collegamento

Da notare, in questa ultima immagine, la presenza di **Aggiorna collegamento** che serve a forzare l'aggiornamento dei valori della tabella, nell'esempio, in caso di modifica nel file di origine.

Il collegamento o l'incorporamento può essere rappresentato nel documento da una icona. La scelta va fatta in fase di inserimento in cui è possibile anche personalizzare l'icona rappresentativa.

Figura 102 Inserimento di una icona per oggetto collegato o incorporato

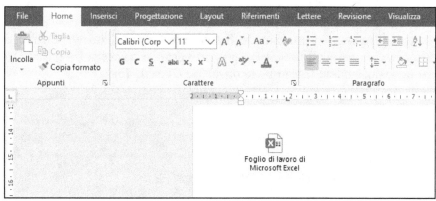

Figura 103 Visualizzazione dell'icona dell'oggetto incorporato/collegato

La cancellazione di un oggetto collegato o incorporato avviene, come tutti gli oggetti, attraverso il tasto **Canc**.

Il collegamento con un oggetto può essere interrotto sfruttando il comando **Collegamenti** presente nel menu contestuale. La finestra di gestione che viene aperta consente oltre all'interruzione (**Interrompi collegamento**) anche di modificare la modalità di aggiornamento dei dati collegati. Si può optare per **Automatico**, opzione dei default, **Manuale**, l'aggiornamento avviene con il comando **Aggiorna collegamento** del menu contestuale e **Bloccato**, l'aggiornamento non viene effettuato. Sempre dalla stessa finestra l'utente può provvedere all'aggiornamento dei dati, all'apertura del file di origine o alla sua modifica.

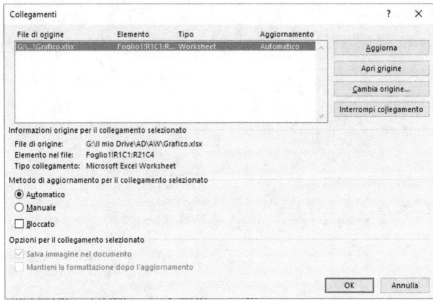

Figura 104 Finestra riferimenti

Fino ad ora abbiamo trattato dell'inserimento di un oggetto tramite incolla speciale, ma non è l'unico modo. È possibile anche utilizzare il comando **Inserisci oggetto** all'interno del gruppo **Testo** della scheda **Inserisci**. Due sono le possibilità: **Crea nuovo oggetto** e **Crea da file**.

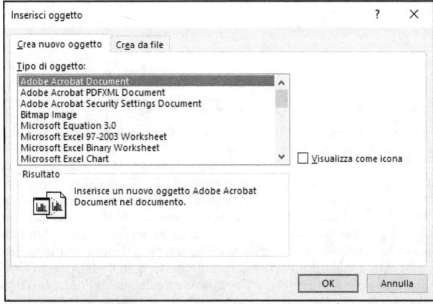

Figura 105 Crea nuovo oggetto

Figura 106 Crea da file

Crea nuovo oggetto può essere utilizzato quando non si è in possesso di un file da incorporare o collegare. Dopo aver scelto il tipo di oggetto viene avviato il relativo software di gestione per crearlo.

Crea da file invece è del tutto simile alla procedura dell'incolla speciale. Anche in questo caso bisogna essere già in possesso di un file che, ed è questa la differenza, sarà integralmente collegato/incorporato.

3.8 Gestire grafici in Word

Un word processor certamente non è il software più adatto per creare e gestire grafici, molto più efficiente in tal senso sarebbe Excel. Nonostante questa caratteristica Word ha alcune funzioni che permettono l'inserimento e la modifica di grafici.

Innanzitutto questi tipi di oggetti possono essere collegati o incorporati con le stesse modalità viste nel paragrafo precedente. La seconda modalità consiste nell'utilizzare il percorso **Inserisci→Illustrazioni→Grafico**. Dopo aver scelto il tipo di grafico il foglio appare come in figura 107.

Nella tabella collegata si possono modificare le serie e i valori e automaticamente queste modifiche si riportano nel documento. I dati di partenza sono sempre richiamabili con il comando **Modifica dati**. Le schede contestuali **Progettazione e Formato** contendono tutti gli altri comandi per gestire il grafico in modo appropriato.

Figura 107 Inserimento grafico

TUTORIAL VIDEO 17 – Incorporamenti e collegamenti

3.9   Automazione delle procedure

Le funzioni di automazione presenti in Word consentono agli utenti di svolgere delle attività anche relativamente complesse con semplicità e, soprattutto, automaticamente. Il risparmio di tempo che ne deriva è notevole.

3.9.1   Formattazione automatica del testo

Il lettore avrà sicuramente notato che, nel momento della digitazione di un testo, alcuni termini vengono formattati in una determinata forma senza alcun tipo di input. Per fare un esempio basta scrivere 1/2 e ci si accorge che Word applica la formattazione a frazione scrivendo ½ (dopo aver dato Invio o immesso uno spazio con la barra spaziatrice). Questo è un semplice caso di **formattazione automatica durante la digitazione**, funzione che, se correttamente impostata, permette l'applicazione automatizzata di formattazioni standard.

La parametrizzazione della funzione avviene dal menu **File→Opzioni→Strumenti di correzione→Opzioni di correzione automatica**. Dalla relativa finestra (figura 109) possono essere abilitate e disabilitate le automazioni presenti. Tra queste si ricordano quelle relative agli elenchi numerati e puntati grazie alle quali si attiva la numerazione semplicemente digitando il primo punto più uno spazio (ad esempio 1 oppure A seguiti da una parentesi o da un punto), e la creazione automatica di collegamenti, quando si inserisce un percorso internet.

Figura 108 Opzioni di correzione automatica

Correzione automatica

Formattazione automatica		Azioni
Correzione automatica	Simboli matematici	Formattaz. autom. durante la digitazione

Sostituisci durante la digitazione

☑ Virgolette semplici con virgolette inglesi   ☑ Ordinali con apice (1°)

☑ Frazioni (1/2) con caratteri frazionari (½)   ☑ Caratteri simbolo (--) con simboli (—)

☐ *Grassetto* e _corsivo_ con formattazione reale

☑ Percorsi Internet e di rete con collegamenti ipertestuali

Applica durante la digitazione

☑ Elenchi puntati automatici   ☑ Elenchi numerati automatici

☑ Linee bordo   ☑ Tabelle

☐ Stili titolo incorporati

Esegui automaticamente durante la digitazione

☑ Formatta l'elemento iniziale di una voce di elenco come il precedente

☑ Imposta il primo rientro e quello sinistro con i tasti TAB e BACKSPACE

☐ Definisci gli stili in base alla formattazione

OK   Annulla

Figura 109 Formattazione automatica durante la digitazione

Ogni volta che si avvia la correzione automatica durante la digitazione appare, nei pressi del testo corretto, l'apposita icona da cui accedere al menu di scelta rapida mostrato in figura.

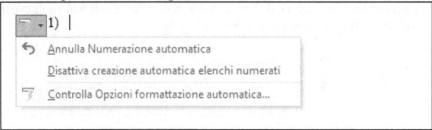

Figura 110 Menu scelta rapida automazione

Il menu contiene i comandi per annullare la formattazione automatica, disattivare l'opzione ed avviare la finestra di gestione. La formattazione automatica può avvenire anche successivamente alla digitazione. In altre parole, ogni utente ha facoltà di disattivare la funzione sopra esaminata disabilitando tutte le opzioni previste (vedi figura 109) e lanciando l'automatismo manualmente. In questo caso le opzioni sono gestibili dalla pagina **Formattazione automatica**.

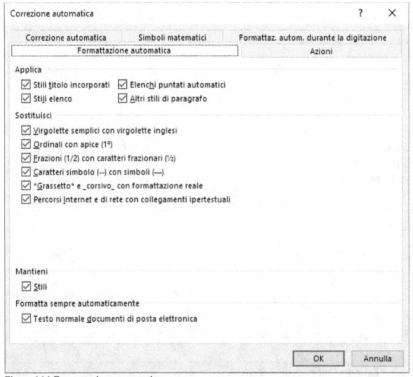

Figura 111 Formattazione automatica

Posta questa possibilità, come può l'utente lanciare il comando di formattazione automatica se nella barra multifunzione non è visibile? Effettivamente il comando esiste ma per default non è inserito nella barra multifunzione. Come è noto però, la stessa barra è personalizzabile tramite le opzioni presenti nel menu **File**. È possibile, quindi, creare un gruppo personalizzato in una scheda a scelta e inserire il comando **Formattazione automatica**, andandolo a ricercare tra quelli non presenti nella barra multifunzione. Nell'immagine che segue si illustra questo procedimento.

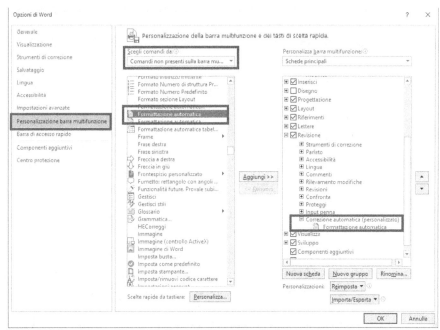

Figura 112 Inserimento del comando Formattazione automatica in un gruppo personalizzato

Il comando inserito è così visualizzato.

Figura 113 Gruppo personalizzato nella scheda revisione

L'alternativa è gestire la barra di accesso rapido per aggiungere la funzione. La personalizzazione di questa barra è gestibile sempre dalle **Opzioni** di Word scegliendo **Barra di accesso rapido**. L'operatività è del tutto simile a quella mostrata per la barra multifunzione. Nella figura 114 è rappresentata la parametrizzazione.
La formattazione automatica si avvia tramite clic sulla relativa icona.

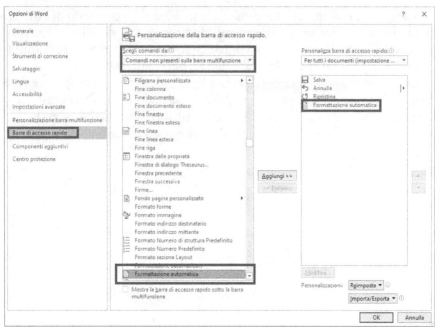

Figura 114 Personalizzazione della barra di accesso rapido

3.9.2 Correzione automatica

La correzione automatica fa parte di quel gruppo di funzioni che aumentano la produttività del software e, in particolare, essa permette di evitare possibili errori di battitura mentre si scrive un testo. Il correttore automatico può essere anche utilizzato per inserire facilmente dei simboli non presenti nella tastiera (esempio il simbolo (c) diviene ©). Nella sua formulazione standard la funzione, quindi, contiene una serie di errori ortografici con relativa correzione e un insieme di simboli inseribili. Questi elenchi possono essere modificati ed integrati in modo molto semplice.

La maschera di gestione (**File→Opzioni→Strumenti di correzione→Correzione automatica**) è divisa in più parti. Nella prima sono inserite le correzioni automatiche relative alle maiuscole, e all'utilizzo accidentale del Bloc Maiusc. Nella seconda sono impostate le sostituzioni da

(c)	©
(r)	®
(tm)	™
...	...
:(	☹
:)	☺
:-)	☺
:|	😐
:-|	😐
<--	←
<==	⇐
<=>	⇔
==>	→
-->	→
anzichè	anziché
aquistare	acquistare

Figura 115 Sostituzioni standard

operare durante la digitazione, con possibilità di aggiungerne altre inserendo in **sostituisci** il termine errato e in **con** quello corretto.

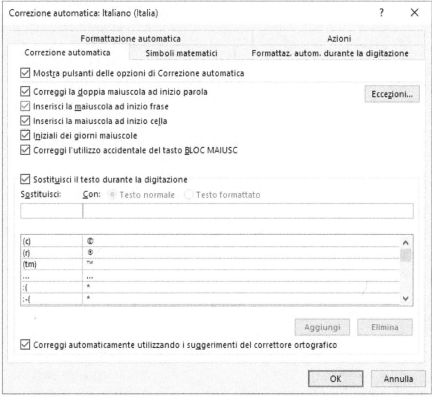

Figura 116 Correzione automatica

3.9.3   Inserimento automatico di un blocco

Molti utenti non sono a conoscenza della possibilità di impostare un blocco di testo come parte rapida per inserirlo ogni volta se ne senta la necessità. Questa funzione è molto utile per introdurre formule di chiusura di lettere oppure frasi di uso comune che si ripetono nei nostri documenti.

Nella scheda **Inserisci** posizioniamoci nel gruppo di comandi **Testo** e apriamo il menu **Esplora parti rapide**. Sono presenti due funzioni **Gestione blocchi predefiniti** e **Salva selezione nella raccolta parti rapide**, quest'ultima si attiva solo dopo aver selezionato del testo. Con la prima si visualizzano dei blocchi di testo standard da inserire automaticamente.

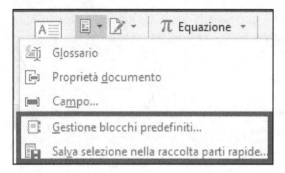

Con la seconda opzione, invece, è possibile salvare il testo selezionato come parte rapida per utilizzarlo successivamente in altri documenti.

Di blocchi predefiniti Word ne mette a disposizione un gran numero e tutti sono personalizzabili tramite il tasto **Modifica**. Con **Inserisci**, invece, la parte rapida è inserita nel documento e poi gestita con le funzioni ordinarie del programma.

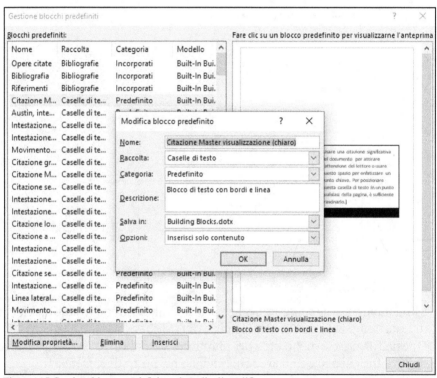

Figura 117 Gestione blocco predefinito - dettaglio di modifica

Ad ogni blocco è associato un nome, il tipo di raccolta, la categoria (generale o predefinita), una descrizione, la posizione di salvataggio e delle opzioni in cui scegliere dove posizionare il testo, se in una pagina o paragrafo a parte, oppure all'interno del documento senza distinzioni (Inserisci contenuto). Le stesse opzioni devono essere gestite in caso di salvataggio di un testo selezionato nella raccolta delle parti rapide.

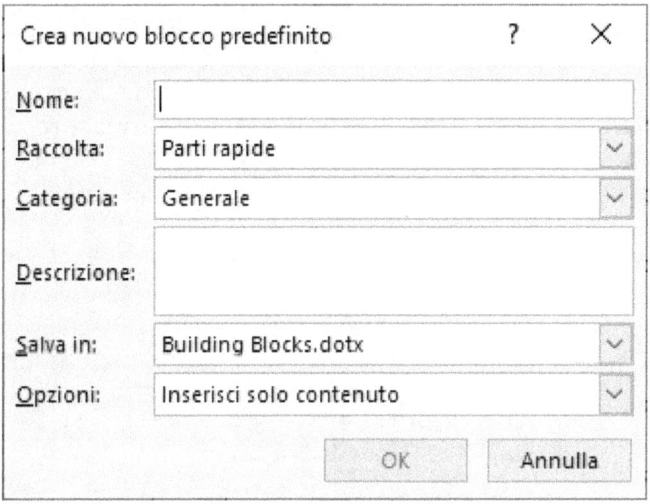

Figura 118 Inserimento di un nuovo blocco predefinito

TUTORIAL VIDEO 18 – Automazione

3.9.4   Le macro

Quando si parla di automazione all'interno di un documento Word si fa riferimento prevalentemente alle macro, che rappresentano le procedure automatiche per eccellenza. Una macro può essere definita come un insieme di attività svolte su un documento, registrate e salvate dall'utente che possono essere rieseguite in automatico sullo stesso o altri documenti.

Le possibilità di utilizzo sono innumerevoli. Si possono registrare modifiche alle impostazioni della pagina per creare uno standard apprezzato dall'utente, formattare tabelle, inserire campi ed altro. Non bisogna fare altro che attivare la registrazione, svolgere le procedure e salvare la macro attribuendole un nome. Il file Word deve essere salvato in formato docm (documento word con attivazione della macro). Siccome queste procedure possono creare anche dei problemi di sicurezza sono soggette ad autorizzazioni specifiche da gestire nel **centro di protezione** del software (**File→Opzioni→Centro di protezione→Impostazioni delle macro**).

Da questa gestione (figura 118) sono gestibili le opzioni:

- Disabilitare le macro senza notifica (le macro non sono eseguite e il software non ne dà notizia);
- Disabilitare le macro con notifica (il software avvisa del blocco);
- Disabilitare solo le macro senza firma digitale;
- Abilitare tutte le macro.

L'utente deve essere cosciente che l'abilitazione di tutte le macro è una scelta poco opportuna che può portare anche a gravi problemi di sicurezza e privacy, essendo tali procedure potenzialmente dei veicoli di malware. Si suggerisce, soprattutto agi utenti meno esperti, di disattivare le macro consentendo però le notifiche del blocco (opzione 2), così da essere informato della loro presenza nel documento e operare di conseguenza, accettarle o non farle eseguire.

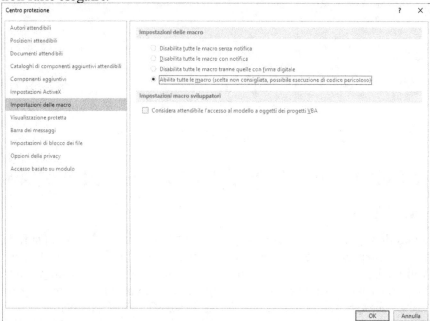

Figura 119 Impostazione macro

Operativamente la registrazione di una macro si svolge grazie ai comandi presenti o nella scheda **Visualizza** o in quella **Sviluppo**, se attivata.

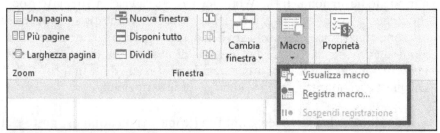

Figura 120 Gruppo Macro dalla sceda Visualizza

Per avviare la registrazione selezionare **Registra macro**, si accede alla finestra seguente.

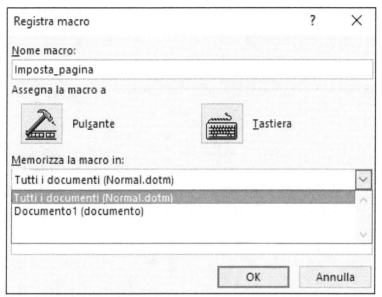

Figura 121 Registrazione di una macro

Inserire il nome da assegnare alla macro, una descrizione facoltativa e scegliere dove memorizzarla. L'automatismo, infatti, può essere salvato solo nel documento aperto e quindi sarà a disposizione solo di questo oppure in tutti i documenti. In questo caso sarà salvato in Normal.dotm, cioè il modello base di word, e potrà essere utilizzato in altri file. È possibile, inoltre, lanciare l'esecuzione tramite una combinazione di tasti, da settare grazie al pulsante **Tastiera**, oppure inserire un pulsante ad hoc nella barra di accesso rapido (**Pulsante**). La modalità standard di esecuzione della macro è dal pulsante **Visualizza macro** (combinazione tasti ALT+F8) cliccando su **Esegui** (figura 122).

Con il pulsante **OK** si avvia la registrazione della procedura e tutte le funzioni svolte dall'utente saranno riportate al suo interno e potranno essere rieseguite. Durante la sua esecuzione la registrazione può essere sospesa (comando **Sospendi registrazione**) per poi essere ripresa (**Riprendi registrazione**) oppure interrotta definitivamente (**Interrompi registrazione**). In quest'ultimo caso la macro è salvata e può essere eseguita in qualsiasi momento utilizzando le modalità sopra indicate. Per concludere tutto il lavoro fatto e mettere a disposizione l'automatismo all'interno di un documento word salvare il file con estensione .docm.

Dal punto di vista della programmazione le macro sono delle procedure scritte in linguaggio Visual Basic. L'utente più esperto può visualizzare e modificare le righe di codice attraverso il pulsante **Modifica** della finestra **Macro** di seguito riportata.

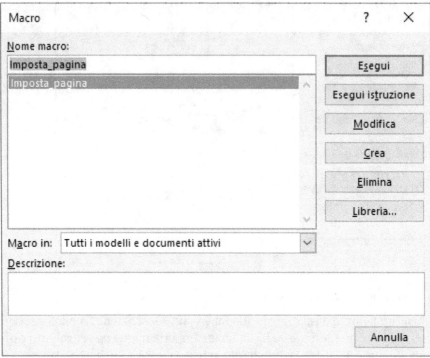

Figura 122 Visualizza macro

Ecco come è visualizzato il codice Visual Basic di una macro in cui si imposta al documento margini stretti e un orientamento orizzontale.

Figura 123 Visualizzazione codice Macro

Proponiamo adesso un esempio di registrazione di due macro con inserimento dei relativi pulsanti nella barra multifunzione.

Si ipotizzi che, per questioni lavorative, un utente abbia sovente l'esigenza di indirizzare lettere al direttore generale e al direttore amministrativo dell'azienda in cui presta servizio. Normalmente dovrebbe inserire l'indirizzamento sempre manualmente. Per ovviare, potrebbe registrare due macro e nominarle ad esempio Dir_gen e Dir_amm. Le fasi da compiere per ogni macro sono:

- Avviare la prima registrazione;
- Scrivere l'indirizzo del direttore generale con le relative tabulazioni;
- Salvare la macro;
- Ripetere i passi anche per il secondo indirizzo.

Una volta create le due macro si personalizza la barra multifunzione inserendo un nuovo gruppo nella scheda **Inserisci** (o un'altra scelta dall'utente) e si aggiungono i due pulsanti delle macro (visualizzabili scegliendo dal menu a tendina **Scegli comando da** l'opzione **Macro**).

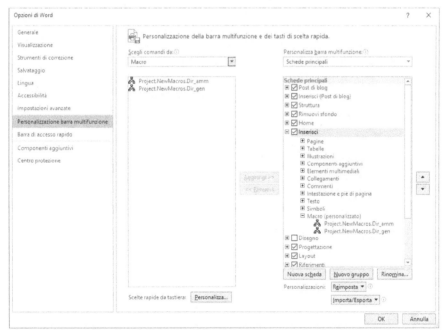

Figura 124 Personalizzazione della barra multifunzione con aggiunta di pulsanti macro

Nella figura che segue è mostrato il documento con l'attivazione del nuovo gruppo e l'inserimento del primo indirizzo creato.

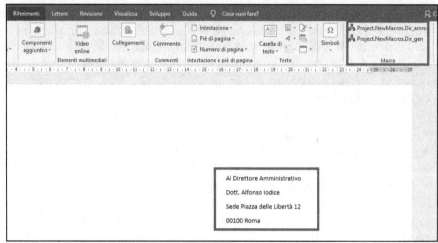

Figura 125 Inserimento macro con personalizzazione della barra multifunzione

TUTORIAL VIDEO 19 – Le macro

Capitolo 4 – Condivisione e sicurezza

4.1   Le revisioni

Come tutti i software client, cioè installati direttamente sul personal computer e che non sfruttano il cloud computing, anche Word 2019 non può essere certamente considerato lo strumento migliore per operare la c.d. scrittura collaborativa (collaborazione di più utenti nella redazione di un documento). Obiettivamente esistono altre soluzioni grazie alle quali tale attività è svolta in modo più efficace ed efficiente, si pensi ad esempio a Google Documenti e alla condivisione tramite Drive.

Gli strumenti con cui Word permette la produzione condivisa di documenti sono contenuti nella scheda **Revisioni**. Il funzionamento è abbastanza semplice. Si crea un documento base, si invia, o si condivide sfruttando One Drive il cloud di Microsoft, al collaboratore con le revisioni attivate, il programma registra e segna le modifiche effettuate che potranno essere successivamente accettate o rifiutate. Molti possono essere esempi di applicazione basti pensare alla correzione di una bozza di un libro, oppure la stesura di un capitolato di gara tra più colleghi ecc.

Prima di attivare le funzioni in questione è necessario controllare ed eventualmente rettificare le impostazioni di revisione. A tal fine posizioniamoci nel gruppo **Rilevamento modifiche** della scheda **Revisioni** e lanciamo la finestra di configurazione.

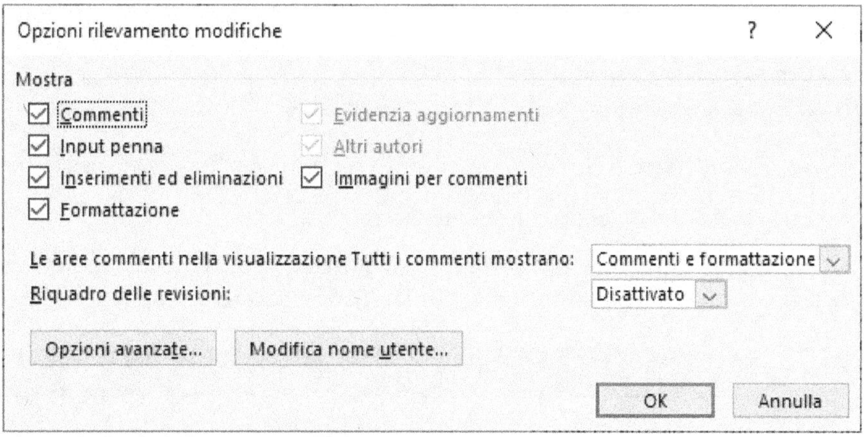

Figura 126 Opzioni rilevamento modifiche

Da qui l'utente può scegliere quali modifiche mostrare e se attivare o meno automaticamente il riquadro delle revisioni, una finestra di default posizionata alla sinistra o al centro del foglio in cui sono mostrate tutte le modifiche fatte. Con **Opzioni avanzate** si gestiscono le modalità di visualizzazione delle modifiche effettuate, con possibilità di personalizzarle. Per default, ad esempio, i nuovi inserimenti sono mostrati sottolineati, le eliminazioni, invece, barrate, le modifiche delle righe sono evidenziate con una barra a sinistra delle stesse e così via. Tutte queste evidenziazioni sono colorate e l'utente può decidere liberamente quali colori utilizzare.

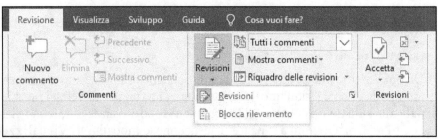

Figura 127 finestra di dialogo opzioni avanzate revisioni

Dopo avere verificato e personalizzato le impostazioni, è necessario attivare il rilevamento delle modifiche tramite il comando **Revisioni**.

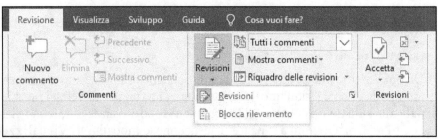

Figura 128 Attivazione revisioni

L'evidenziazione del relativo pulsante nella barra multifunzione testimonia l'attivazione della funzione. Con il comando **Blocca rilevamento** si evita che la rilevazione venga disattivata da altri autori. A tale scopo si inserisce una password di blocco.

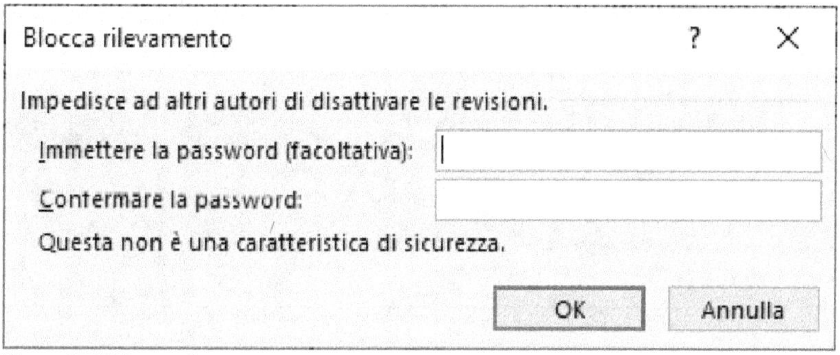

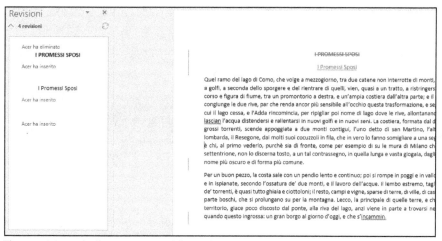

Figura 129 Blocco rilevamento

Attivato il tutto, ogni modifica è registrata ed evidenziata in base alla configurazione scelta. L'elenco delle stesse è visualizzato tramite il **Riquadro delle revisioni**.

Figura 130 Esempio di un testo con modifiche evidenziate

Nell'esempio mostrato in figura sono state rilevate le seguenti modifiche: eliminazioni del titolo originario e sua sostituzione (una eliminazione ed un inserimento); creazione del paragrafo dopo 'comune'; inserimento del punto alla fine del testo. Nel riquadro delle revisioni è riportato il relativo elenco.

4.1.1   Accettazione delle modifiche

Ipotizzando di inviare in revisione un nostro documento ad un altro utente e che costui ci restituisca l'elaborato con le relative modifiche registrate. Il successivo passo è controllare le modifiche, da considerare sempre come delle proposte, e decidere se accettarle o meno. Quest'attività si svolge sfruttando il gruppo **Revisioni** presente nell'omonima scheda.

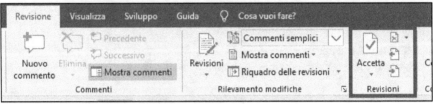

Figura 131 Gruppo Revisioni

Le modifiche possono essere scorse sfruttando i pulsanti con freccia, verso destra e verso sinistra, accettate e quindi inserite definitivamente nel documento, e rifiutate, in questo caso il documento ritorna ad origine.
L'accettazione e il rifiuto sono applicabili a tutte le revisioni oppure singolarmente attraverso i corrispondenti menu presenti nel blocco. Di seguito l'immagine del menu **Accetta** il cui contenuto è del tutto simile a quello presente in **Annulla**.

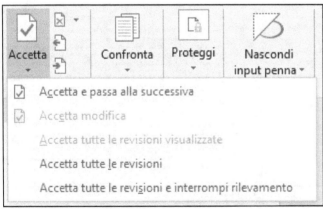

Figura 132 Menu accetta revisioni

Con l'opzione **Accetta/Rifiuta e passa alla successiva** la revisione è accettata/rifiutata singolarmente ed in automatico è visualizzata quella successiva. **Accetta/Rifiuta tutte le revisioni** applica l'accettazione, o il rifiuto, a tutte le modifiche proposte. **Accetta/Rifiuta tutte le revisioni e interrompi rilevamento** svolge la stessa funzione della precedente e, in più, disattiva la rilevazione.

4.1.2   Confronta e combina documenti

I documenti, originale e revisionato, possono essere confrontati e uniti in un unico elaborato attraverso la funzione **Confronta** dell'omonimo gruppo presente sempre nella scheda **Revisioni**.

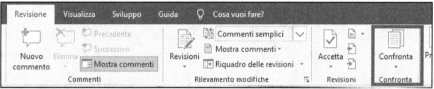

Figura 133 Comando Confronta

Il comando lancia la seguente finestra.

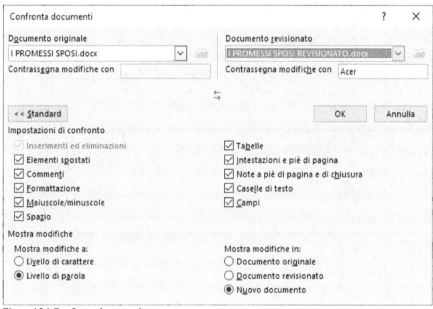

Figura 134 Confronta documenti

Impostare:

- Il documento di origine, cioè quello di partenza;
- Il documento revisionato, con le modifiche;
- Le impostazioni di controllo;
- Il documento in cui mostrare le modifiche

Per questo ultima opzione si può scegliere di unire le modifiche nel documento originario, in quello revisionato o in uno nuovo.

Figura 135 Schermata di confronto

La figura precedente mostra la struttura della pagina Word in caso di confronto. Essa è composta da quattro riquadri che riportano le revisioni effettuate, il documento originario, quello revisionato e infine al centro il risultato del confronto. Tale visualizzazione può essere modificata dall'utente attraverso il comando **Mostra documento di origine** dal menu **Confronta**.

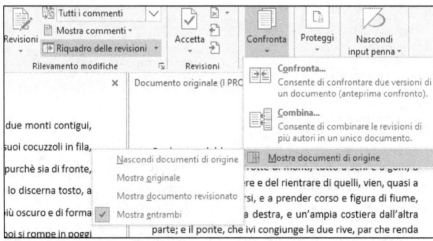

Figura 136 Mostra documento di origine

Il nuovo documento confrontato può essere salvato così da avere un elaborato finale frutto della collaborazione di più utenti. Ovviamente se si sceglie di unire le modifiche nel documento originario o rettificato anche questi ultimi possono essere salvati.

Nel caso in cui si abbiano più file provenienti da utenti diversi e tutti con modifiche effettuate, per confrontarli si può usare la funzione **Combina**.

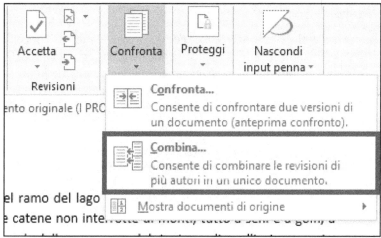

Figura 137 Combina

L'operatività è del tutto simile a quanto visto in precedenza con l'eccezione dell'attivazione dell'etichetta **Indica revisioni segnate con** in cui inserire il nome del revisore. Ciò permette di identificare i vari autori delle modifiche.

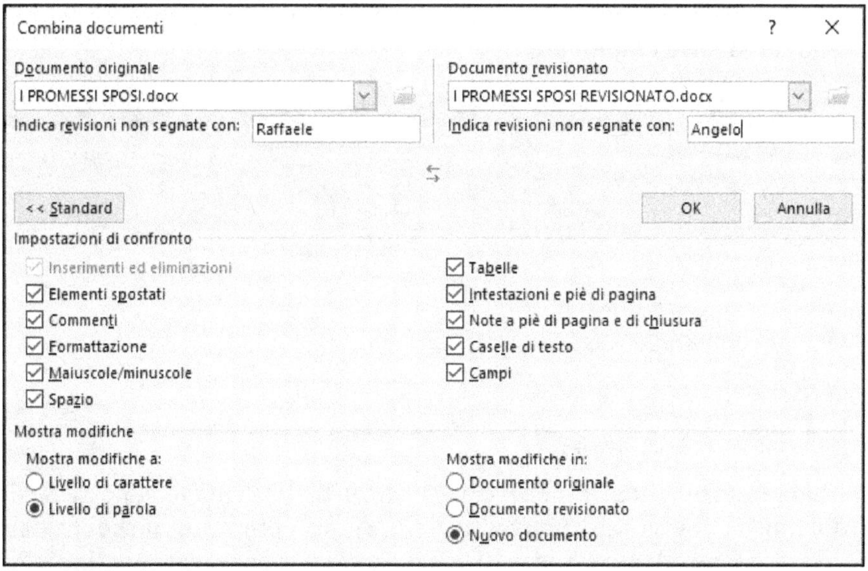

Figura 138 Combina documenti

Salvando il documento e reiterando la procedura per gli altri elaborati ricevuti si crea alla fine un file completo di modifiche di tutti gli utenti collaboratori.

4.2   I commenti

Quando più utenti collaborano alla stesura dello stesso documento potrebbe sorgere la necessità di inserire un suggerimento su come scrivere una determinata frase per esempio, oppure su come formattare la pagina in modo più elegante, senza però dover modificare il documento stesso. In Word per svolgere queste funzioni si utilizza la funzione **commenti** presente nella scheda **Revisione**.

Figura 139 Gruppo commenti nella scheda revisioni

L'operatività dell'inserimento è piuttosto semplice basta posizionarsi nel punto del testo in cui si desidera aggiungere un commento oppure selezionare il testo che si vuole commentare e fare clic su **Nuovo commento**. Nel documento appare una barra laterale a destra del foglio in cui inserire il testo del suggerimento che è corredato dal nome dell'autore e dalla data di creazione. All'interno di questa barra è possibile visualizzare anche le eventuali revisioni presenti grazie all'apposita opzione presente nel menù a tendina **Mostra commenti**.

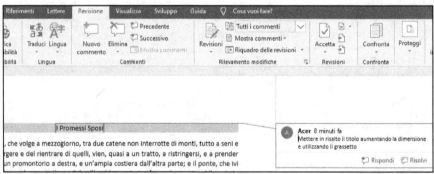

Figura 140 Inserimento del commento

L'utente a cui il suggerimento è destinato, una volta entrato in possesso del documento revisionato, potrà visualizzare tutti i commenti, anche sfruttando i tasti **Precedente** e **Successivo** per scorrerli, e scegliere cosa farne. Potrà risolverli (**Risolvi**), rispondere commentando a sua volta (**Rispondi**) e infine eliminarne tutti o solo una parte.

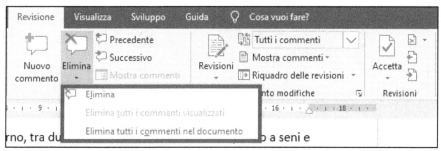

Figura 141 Elimina commenti

Per eliminare la visualizzazione dei commenti agire sulla tendina posta nel gruppo **Rilevamento modifiche** e scegliere **Mostra originale**. I commenti non saranno eliminati ma solo nascosti e possono essere richiamati in qualsiasi momento.

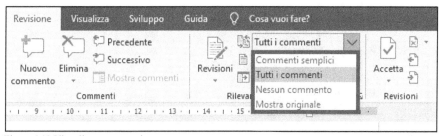

Figura 142 Visualizza commenti

TUTORIAL VIDEO 20 – La scrittura collaborativa

4.3 Proteggere un documento tramite password

Abbiamo già affrontato il tema della protezione di un documento Word in caso di creazione di un modulo (paragrafo 3.4) per permettere la compilazione solo dei campi e non anche altre modifiche. Con la stessa operatività (**Revisioni→Proteggi→Limita modifica**) è possibile applicare altre restrizioni:

- Limitare le formattazioni agli stili selezionati;
- Inibire totalmente la gestione o consentire solo alcune modifiche quali le revisioni, i commenti, la compilazione dei moduli.

Tali limitazioni sono applicabili sfruttando la consueta finestra di dialogo **Limita modifica**. Da qui selezionando **Si, applica protezione** si attiva la finestra utile per incrementare il livello di protezione inserendo una password. La protezione tramite password è facoltativa ma il suo utilizzo è vivamente consigliato soprattutto in presenza di condivisioni con altri utenti.

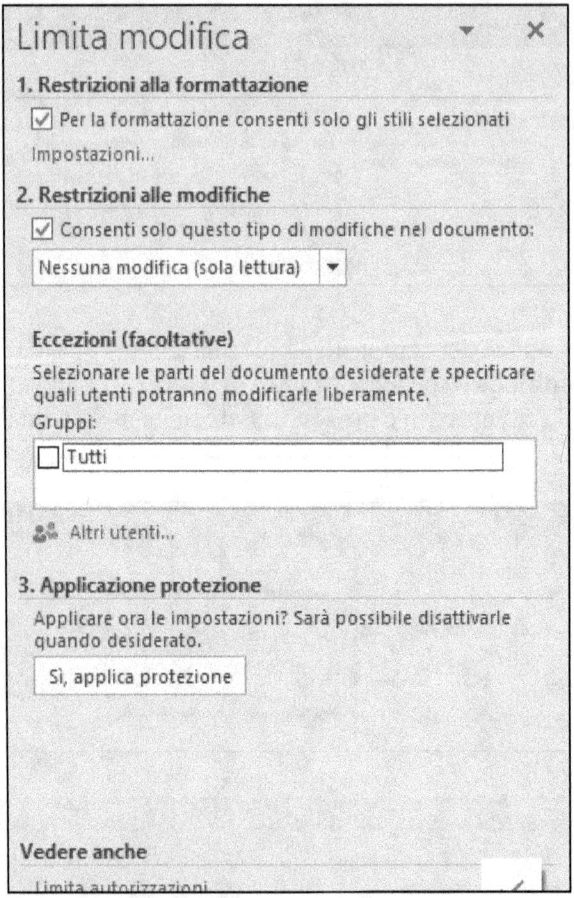

Figura 143 Limita modifica

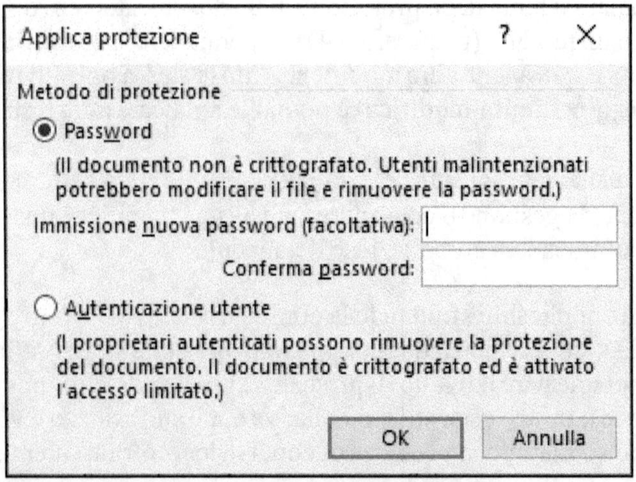

Figura 144 Applica protezione con immissione password

Quanto sopra analizzato rientra all'interno della gestione dei moduli e dei relativi campi. Più in generale l'utente ha facoltà di proteggere un documento con l'impostazione di password di apertura e di chiusura in fase di salvataggio del file attraverso la gestione delle **Opzioni generali**.

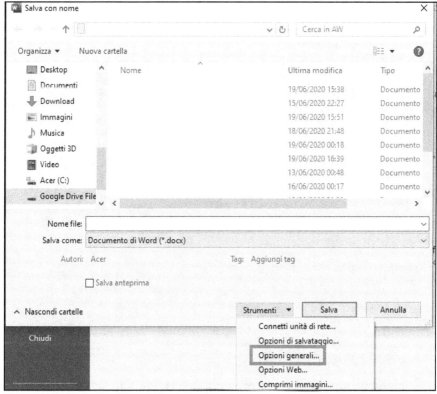

Figura 145 Opzioni generali in sede di salvataggio

Si distingue:

- Password di apertura
- Password di modifica

La password di apertura ha come obiettivo quello di proteggere la visione stessa del file. Senza la sua immissione il documento non può essere aperto. La password di modifica, invece, permette la visione del contenuto anche senza alcuna immissione ma solo in visualizzazione. Per effettuare qualsiasi modifica del documento, però, l'utente deve essere in possesso della password.

Ovviamente le due tipologie possono essere combinate per una protezione più completa. In altre parole può essere impostata una password di apertura per visualizzare il file, e una di modifica, che può (e deve) essere differente dalla prima.

L'impostazione della protezione avviene dalla finestra di seguito riportata attraverso la digitazione della parola chiave per due volte, la seconda per conferma.

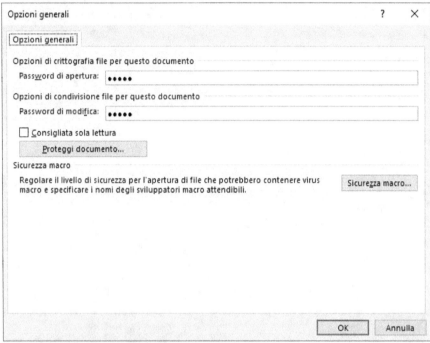

Figura 146 Immissione di una password di protezione

All'avvio del documento e in presenza di una password di apertura Word ne richiede l'immissione.

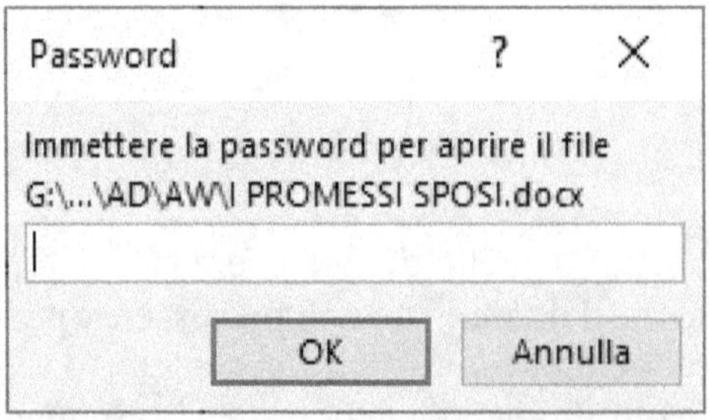

Figura 147 Immissione password di visualizzazione

Se il documento è protetto da password di modifica la sua apertura è sempre possibile ma solo in lettura senza potere di modifica.

Figura 148 Immissione password di modifica

Facendo clic su **Sola lettura** il file è aperto in sola lettura e tale visualizzazione è notificata nella barra del titolo.

Per chiarire ulteriormente la funzionalità, la protezione massima al documento è applicata attraverso i seguenti passaggi: limitare le modifiche tramite la funzione **Revisione→Proteggi→Limita modifiche** impostando solo lettura (nessuna modifica) con impostazione di password e salvare il documento con password di modifica. In questo modo solo con la digitazione della password di modifica il documento può essere gestito.

L'inserimento delle password e delle limitazioni delle modifiche è possibile anche dal menu **File→Informazioni→Proteggi documento**.

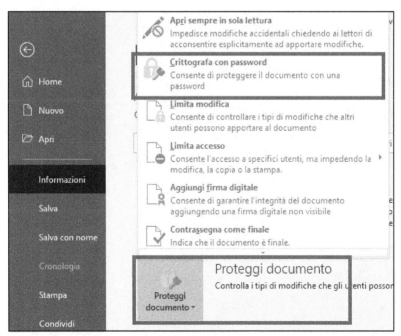

Figura 149 Crittografa con password dal menu file

TUTORIAL VIDEO 21 – La sicurezza

117

Capitolo 5 – Preparare il documento per la stampa

5.1 Gestione delle sezioni

Un documento Word può essere diviso in più parti denominate **Sezioni** in cui possono essere applicate formattazioni e impostazioni differenziate. In altre parole, grazie alla suddivisione del testo in sezioni è possibile ad esempio impostare un orientamento diverso tra le sezioni, una differente numerazione e molti altri parametri. Il lettore ricorderà che in precedenza già abbiamo trattato l'uso delle sezioni per impostare una numerazione di pagina diversa tra l'introduzione e il resto del documento (paragrafo 3.2).

Per delimitare le sezioni è necessario l'inserimento di una interruzione tramite il comando **Layout→Interruzioni→interruzione di sezione**.

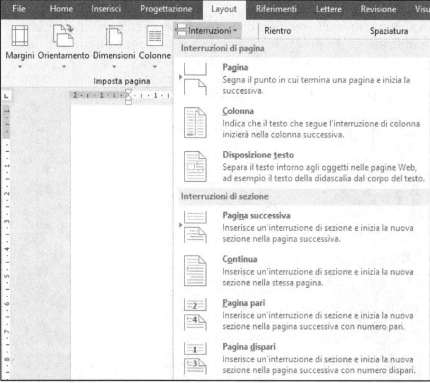

Figura 150 Inserimento sezioni

L'interruzione di sezione può essere:

* Pagina successiva: la nuova sezione inizia dalla pagina successiva (è inserito un salto pagina)
* Continua: l'interruzione è inserita senza salto pagina;

- Pagina pari: l'interruzione è inserita con il salto pagina e inizia alla prima pagina pari;
- Pagina dispari: l'interruzione è inserita con il salto pagina e inizia alla prima pagina dispari.

L'esistenza di una sezione è rappresentata da un simbolo di formattazione nascosto che, com'è noto, è visibile se si attiva il relativo comando posto nella scheda **Home**.

Figura 151 Visualizzazione interruzione di sezione

Per eliminare l'interruzione è sufficiente posizionarsi con il cursore immediatamente prima il suo inizio e utilizzare il tasto **Canc**.
Nella figura che segue è riportato l'esempio di due sezioni con orientamento differente.

Figura 152 Sezioni con differente orientamento

Operativamente basta creare l'interruzione di sezione pagina successiva, posizionarsi nella seconda sezione avviare imposta pagina **Layout→Imposta pagina**, scegliere l'orientamento orizzontale e applicare l'impostazione solo alla sezione in gestione. Per reimpostare l'orientamento verticale creare una terza sezione e reiterare la procedura.

Figura 153 Impostare l'orientamento orizzontale ad una sezione

Con la stessa procedura si possono applicare alla sezione tutte le altre parametrizzazioni presenti in imposta pagina come margini e rilegatura.

5.2 Gestione avanzata delle intestazioni

Le sezioni sono a base anche della parametrizzazione dell'intestazione e del piè pagina. Queste parti del documento, infatti, sono legate alle relative sezioni e possono essere variate dall'utente così da avere intestazioni/piè pagina diverse.
Quando si attiva la gestione delle intestazioni si nota subito questo legame dall'indicazione posta a destra della stessa intestazione in cui si legge di

solito **Come sezione precedete** per indicare che la parametrizzazione è identica a quella presente nella sezione che precede. Nella scheda contestuale **Progettazione** facendo clic sul comando **Collega alla precedente** del gruppo **Spostamento** si interrompe questo legame (la nota indicata sopra infatti scompare). Questa operazione permette di impostare una nuova intestazione del tutto differente da quella precedente ed è molto utile nella stesura di documenti complessi. Si pensi, ad esempio, al caso in cui l'utente voglia inserire nell'intestazione il titolo del capitolo. Operativamente dovrà creare tante sezioni quante sono i capitoli, togliere il legame dell'intestazione con quella precedente e inserire il titolo in ogni sezione.

A titolo di esempio riporto due intestazioni di pagina di un mio precedente lavoro 'Guida a Google Drive – Condividere in didattica' in cui ho utilizzato intestazioni diverse per ogni capitolo.

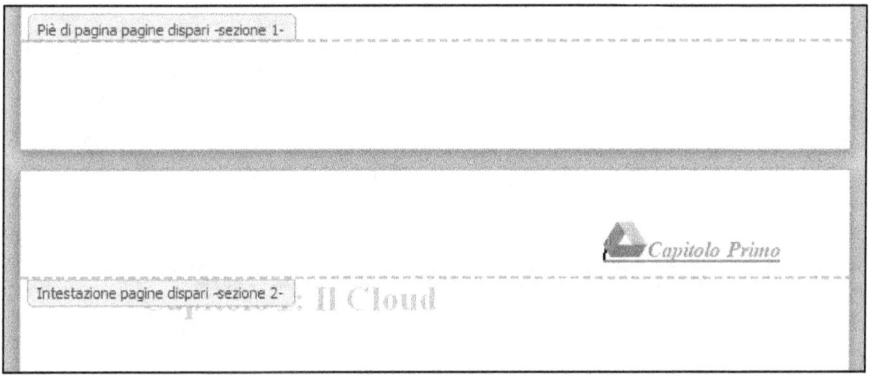

Figura 154 Esempio intestazione capitolo 1

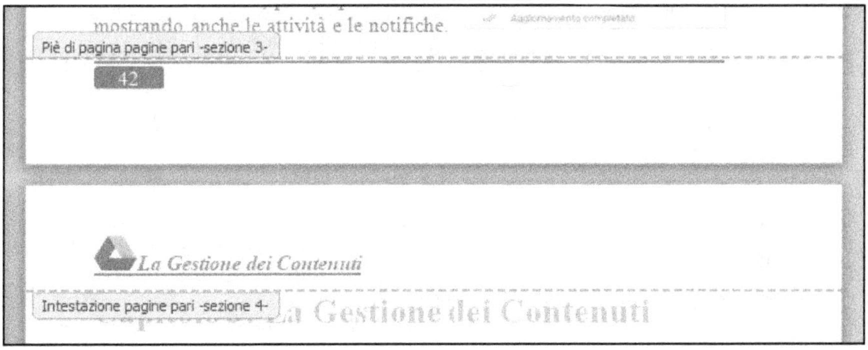

Figura 155 Esempio intestazione capitolo 3

Da notare come ad ogni capitolo corrisponde una sezione, le intestazioni sono differenti riportando il numero del capitolo ed è assente, come ovvio, la frase **Come sezione precedente**.

Il lettore avrà notato anche un'altra caratteristica importante. Ogni intestazione è etichettata come **pari** o **dispari** e ciò deriva dall'esigenza di formattarle in modo differente a seconda della pagina. In altre parole, Word non solo permette di impostare intestazioni differenti per sezione, ma anche tra pagine pari e dispari. Sempre nella scheda **Progettazione**, infatti, sono posizionate le **Opzioni** da cui l'utente può attivare il parametro **Diversi per le pagine pari e dispari**. L'effetto di questa scelta è appunto la possibilità di avere delle diverse intestazioni tra le due tipologie di pagine appartenente alla stessa sezione. Nell'etichetta dell'intestazione è segnalata se si tratta di pagina pari o dispari.

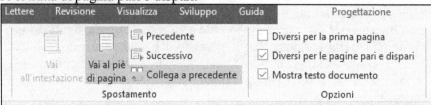

Figura 156 Opzioni della scheda Progettazione

Con l'opzione **Diversi per la prima pagina**, presente sempre nello stesso gruppo, si potranno impostare intestazioni differenti tra la prima pagina e il resto del documento. La scelta è utile in presenza di una prima pagina con solo, ad esempio, il titolo o un frontespizio ed è opportuno configurare diversamente le intestazioni.

TUTORIAL VIDEO 22 – Le sezioni e le intestazioni

5.3 La filigrana

La filigrana è rappresentata da un testo, un disegno, un'immagine posta nel foglio in secondo piano rispetto al testo con un aspetto sfumato. Il classico esempio è la scritta **Bozza** molto utilizzata nei lavori preliminari della stesura di un documento.

L'inserimento avviene dal percorso **Progettazione→Sfondo pagina→Filigrana**. L'utente può scegliere tra:

- Filigrane preimpostate dal software (Bozza, Esempio, Non copiare, Urgente, Riservato, ecc.);
- Altre filigrane da scaricare da Office.com;
- Filigrana personalizzata;
- Rimuovere una filigrana inserita.

Quando si sceglie di inserire una filigrana personalizzata essa può consistere sia in una immagine da inserire, sia in un testo da scrivere ed a cui impostare la formattazione (font, dimensione, colore, layout tra diagonale e orizzontale e trasparenza)

Figura 157 Inserimento Filigrana

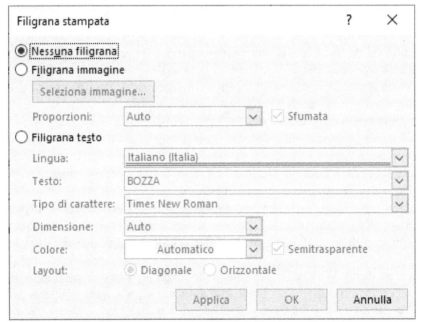

Figura 158 Personalizzazione filigrana

Di seguito un esempio di filigrana personalizzata tramite un'immagine.

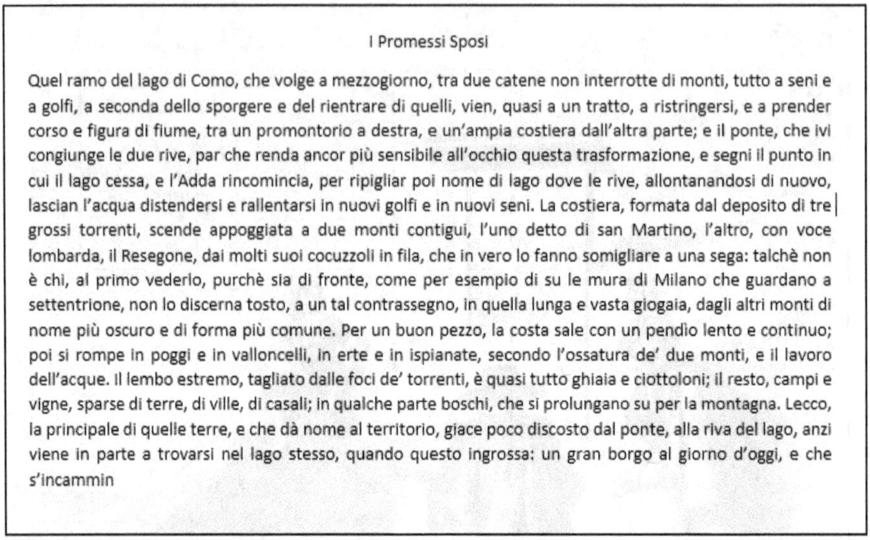

I Promessi Sposi

Quel ramo del lago di Como, che volge a mezzogiorno, tra due catene non interrotte di monti, tutto a seni e a golfi, a seconda dello sporgere e del rientrare di quelli, vien, quasi a un tratto, a ristringersi, e a prender corso e figura di fiume, tra un promontorio a destra, e un'ampia costiera dall'altra parte; e il ponte, che ivi congiunge le due rive, par che renda ancor più sensibile all'occhio questa trasformazione, e segni il punto in cui il lago cessa, e l'Adda rincomincia, per ripigliar poi nome di lago dove le rive, allontanandosi di nuovo, lascian l'acqua distendersi e rallentarsi in nuovi golfi e in nuovi seni. La costiera, formata dal deposito di tre grossi torrenti, scende appoggiata a due monti contigui, l'uno detto di san Martino, l'altro, con voce lombarda, il Resegone, dai molti suoi cocuzzoli in fila, che in vero lo fanno somigliare a una sega: talchè non è chi, al primo vederlo, purchè sia di fronte, come per esempio di su le mura di Milano che guardano a settentrione, non lo discerna tosto, a un tal contrassegno, in quella lunga e vasta giogaia, dagli altri monti di nome più oscuro e di forma più comune. Per un buon pezzo, la costa sale con un pendìo lento e continuo; poi si rompe in poggi e in valloncelli, in erte e in ispianate, secondo l'ossatura de' due monti, e il lavoro dell'acque. Il lembo estremo, tagliato dalle foci de' torrenti, è quasi tutto ghiaia e ciottoloni; il resto, campi e vigne, sparse di terre, di ville, di casali; in qualche parte boschi, che si prolungano su per la montagna. Lecco, la principale di quelle terre, e che dà nome al territorio, giace poco discosto dal ponte, alla riva del lago, anzi viene in parte a trovarsi nel lago stesso, quando questo ingrossa: un gran borgo al giorno d'oggi, e che s'incammin

Figura 159 Filigrana con immagine

TUTORIAL VIDEO 23 – La filigrana

5.4 Il controllo ortografico

Il controllo ortografico è una funzione molto importante, da usare sempre per evitare errori ortografici e grammaticali nella stesura dei documenti. Quando si lancia, da **Revisioni→Strumenti di correzione→Controllo ortografia e grammatica**, Word ricerca in tutto il testo la presenza di divergenze tra le parole inserite e il vocabolario interno al software, e permette la modifica immediata dell'errore oppure di ignorarlo.
La finestra di dialogo che ne deriva, figura 160, riporta:

- Il tipo di errore (grammaticale, non presente nel dizionario, doppio spazio ecc.);
- I suggerimenti per risolverlo, ad esempio la parola correttamente scritta, in caso di un mero errore ortografico;
- Una serie di opzioni che permettono di ignorare l'errore (**Ignora questa volta**), ignorare tutte le ricorrenze del termine (**Ignora tutto**) o aggiungere il termine al dizionario interno (**Aggiungi al dizionario**).

Come già detto, Word internamente ha dei dizionari che utilizza per svolgere il controllo ortografico. Un documento, però, può essere scritto in più lingue quindi il software deve supportare più dizionari tra i quali l'utente può scegliere quello da usare in base alle proprie esigenze.

Figura 160 Controllo ortografico

In **Revisione→Lingua→Lingua→Impostazione lingua di modifica** l'utente può selezionare la lingua utilizzata nel testo e che sarà presa in considerazione nel controllo ortografico e grammaticale. Dalla relativa finestra di dialogo scegliere la lingua e confermare.

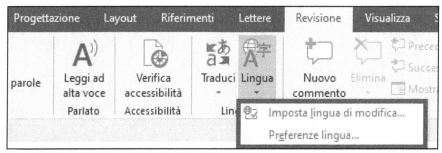

Figura 161 Comando Lingua della scheda Revisione

Figura 162 Scelta della lingua

In **Preferenze lingua**, invece, si imposta la lingua per la modifica, la visualizzazione, la guida e la descrizione dei comandi. Grazie a questa funzione, in pratica, si cambia tutta il linguaggio utilizzato da Word.

Figura 163 Gestione lingua dalle impostazioni di Word

5.5   Thesaurus

Thesaurus è il dizionario dei sinonimi presente in Word. È possibile usarlo ogni volta che l'utente voglia ricercare ed inserire un sinonimo del termine selezionato. Si attiva in modo molto semplice con il menu contestuale (tasto destro del mouse sul termine selezionato) e scegliendo l'opzione **Sinonimi**. Sono indicati i possibili termini da utilizzare con l'opzione per lanciare Thesaurus.

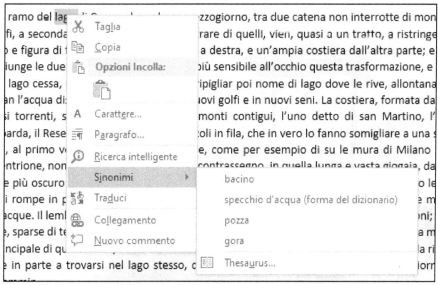

Figura 164 Menu contestuale Thesaurus

Figura 165 Finestra di dialogo Thesaurus

Nella relativa finestra di dialogo i termini sono riportati con maggior dettaglio e con la facoltà di approfondire la ricerca.

Gli elementi della lista possono essere copiati oppure inseriti direttamente nel testo in sostituzione degli originali.

APPENDICE ECDL ADVANCED

(ECDL è un marchio registrato dalla European Computer Driving Licence Foundation Ltd)

La certificazione ECDL Advanced

L'European Computer Driving Licence Advanced è una certificazione informatica rilasciata dall'AICA (Associazione italiana per l'informatica e il calcolo automatico) che attesta la conoscenza a livello avanzato delle conoscenze informatiche relative alle applicazioni per l'ufficio. Sono previsti quattro moduli indipendenti (Word Processing, Spreadsheets, Database, Presentation), ognuno dei quali consente di ottenere un'autonoma certificazione Advanced e al superamento di tre moduli su quattro si ottiene l'attestazione Expert.

I moduli si basano su dei programmi (Syllabus) costantemente aggiornati per tener conto dei miglioramenti tecnologici. L'ultima versione dei syllabus è la 3.0. Ogni esame è composto da venti domande da cinque punti ciascuna, per un totale di cento punti, da svolgere in massimo sessanta minuti e si supera con una percentuale di risposte esatte non inferiore al 75%. I quesiti proposti sono molto pratici e consistono in procedure da svolgere sui file messi a disposizione dall'esaminatore ed inseriti nella 'cartella del candidato'.

Per sostenere l'esame è necessario rivolgersi ad un test center accreditato AICA.

Per la certificazione ECDL Advanced Word al candidato viene richiesta la conoscenza dei seguenti elementi:

- Applicare formattazioni avanzate a testi, paragrafi, colonne e tabelle; mantenere un formato coerente attraverso l'uso degli stili di carattere e paragrafo.
- Lavorare con funzioni di riferimento quali note a piè di pagina o di fine documento e didascalie. Gestire citazioni e bibliografia usando uno stile citazione. Creare sommari, indici analitici e riferimenti incrociati.
- Migliorare la produttività usando campi, moduli e modelli.
- Applicare tecniche avanzate di stampa unione e operare con funzioni di automazione quali le macro.
- Usare funzioni di collegamento e incorporamento per integrare dei dati.
- Collaborare alla stesura e revisione di documenti localmente o online. Applicare funzioni di sicurezza ai documenti.
- Lavorare con filigrane, sezioni, intestazioni e piè di pagina nei documenti. Usare un dizionario dei sinonimi e gestore le impostazioni dello strumento di controllo ortografico.

Per tutte le altre informazioni si rinvia al sito AICA https://www.aicanet.it

Il Sample test

Per prepararsi all'esame e avere un'idea su come si svolge AICA mette a disposizione sul proprio sito un test di esempio scaricabile dal seguente link:
https://www.aicanet.it/documents/10776/136451/ECDL+Advanced+Word +Processing+-+Sample+test+-+Office+2016.zip/86dd1353-b2ca-4c23- b229-dbd2c80d920b

L'esempio si basa su Office 2016 ma ben può essere utilizzato per applicare le procedure anche per la versione 2019 di WORD. A tal fine di seguito è riportato il link del video tutorial in cui si illustra come si svolge l'esame e le soluzioni ai quesiti proposti nel sample test.

Per visualizzare il tutorial cliccare sul link, per la versione e-book, oppure accedere con il qr code, per la versione cartacea.

https://youtu.be/hl1saCLPQug

INDICE DEI TUTORIAL

Tutorial	Link	Qr code
Disposizione del testo intorno ad oggetti	https://youtu.be/6s-9VVU8G4w	
La ricerca avanzata	https://youtu.be/gm9Xe5TJusg	
Incolla speciale	https://youtu.be/taJKDkl57PM	
Gestione del paragrafo	https://youtu.be/CYTtMk-8TaQ	

Tutorial	Link	Qr code
Gli stili	https://youtu.be/YC-DW7d_nkw	
Le colonne	https://youtu.be/aUQ6fRyhUbo	
Le tabelle	https://youtu.be/WE-s5RNV5Zs	
Didascalie e note	https://youtu.be/0UevWqOVbM4	
Citazioni e Bibliografia	https://youtu.be/4ex18gxN4n8	

Tutorial	Link	Qr code
Sommario	https://youtu.be/o0lKzS0S5Fs	
Indici e riferimenti	https://youtu.be/zZ4-ıWp-nwU	
I campi	https://youtu.be/W7s74mje9ZQ	
Numeri di pagina	https://youtu.be/O09lsIjQxxY	

Tutorial	Link	Qr code
Campi e tabelle	https://youtu.be/OSVVNjaNcaQ	
Moduli e modelli	https://youtu.be/atuEiA6nOlk	
Stampa unione	https://youtu.be/g_DEySLyzFg	
Incorporamenti e collega-menti	https://youtu.be/1BLNWLM1s3U	
Formattazione e correzio-ne automatica	https://youtu.be/WW41saEP8Ts	

Tutorial	Link	Qr code
Automazione	https://youtu.be/G3mVHpkyyiI	
La scrittura collaborativa	https://youtu.be/28lMOdtk68g	
Proteggere con password	https://youtu.be/CgZg2a50ZPo	
Sezioni e intestazioni	https://youtu.be/ljtvQ6oA-0w	

Tutorial	Link	Qr code
La filigrana	https://youtu.be/-7G5ebWNaN8	
Controllo ortografico e Thesaurus	https://youtu.be/F0JLauo4bTg	

www.ingramcontent.com/pod-product-compliance
Lightning Source LLC
LaVergne TN
LVHW051244050326
832903LV00028B/2569